Le guide Minecraft de l'architecte

Sté

W0340948

LES LIVRES DU DRAGON D'OR

Le guide Minecraft de l'architecte

"Minecraft" est une marque déposée par Notch Development AB

Textes écrits par Stéphane Pilet (aka Stef Leflou)

Corrections et relectures : Wild Weasel, Sandra Monroy

Mise en page : Stéphane Pilet

Les Livres du Dragon d'Or, un département d'Édi8

12 avenue d'Italie 75013 Paris – France

ISBN : 978-2-8212-0427-0

Dépôt légal : mars 2015

Imprimé en Italie

Graphisme : Stéphane Pilet

Loi N° 49-956 du 16 juillet 1949 sur les publications destinées à la jeunesse, modifiée par la loi N°2011-525 du 17 mai 2011.

Introduction

Minecraft est certainement **l'un des jeux les plus inventifs** de ces dernières années. La **communauté hyperactive** imagine sans cesse de nouveaux mécanismes pour vous simplifier la vie en mode survie, protéger vos abris ou vos trésors si vous jouez sur des serveurs. Le guide de l'architecte vous présente des machines, des pièges et des idées déco. Une manière de vous initier en douceur au fonctionnement de la poudre de redstone, et à l'utilisation d'autres objets ou matériaux. **Toutes ces machines et ces pièges ne nécessitent aucune installation de mods** (petits programmes additionnels à ajouter à Minecraft). Vous pouvez retrouver la plupart des machines présentées ici sur les

chaînes YouTube de leurs créateurs, afin de voir la construction pas à pas. Vous trouverez, à la fin de cet ouvrage, des tableaux qui regroupent les recettes importantes liées à l'utilisation de la redstone. Et bien sûr, n'hésitez pas à transformer vous-même les machines afin de les adapter à vos propres besoins. C'est comme ça aussi que l'on progresse dans Minecraft !

Chapitre 1

La redstone

Avec la poudre de redstone, vous allez donner vie à votre univers et vos créations. Les possibilités offertes sont vraiment étonnantes. Mais avant tout, voici ce qu'il faut savoir sur la poudre magique de Minecraft...

La poudre de redstone se récupère sur les blocs de minerais de redstone que l'on trouve en profondeur dans le monde de Minecraft. Cette poudre peut être posée au sol et permet d'alimenter des mécanismes en énergie. Un peu comme un câble électrique laisserait passer le courant. Tout comme un câble électrique, poser la poudre de redstone au sol ne fait rien si il n'y a pas une source d'énergie qui y est connectée. Les sources d'énergies peuvent être de différentes natures. Mis à part le bloc de redstone qui envoie toujours de l'énergie (et ce, dans toutes les directions), toutes les autres sources peuvent être allumées ou éteintes. Ainsi, **le levier** envoie un courant lorsqu'on l'active (clic droit sur l'objet) et le coupe lorsqu'on le désactive

Éteindre une torche redstone

Il est possible de désactiver une torche redstone en la posant sur un bloc alimenté en énergie. Ainsi, si vous posez une torche redstone sur le côté d'un bloc qui a un levier sur l'autre côté, vous désactiverez l'énergie de la torche en activant celle envoyée par le levier.

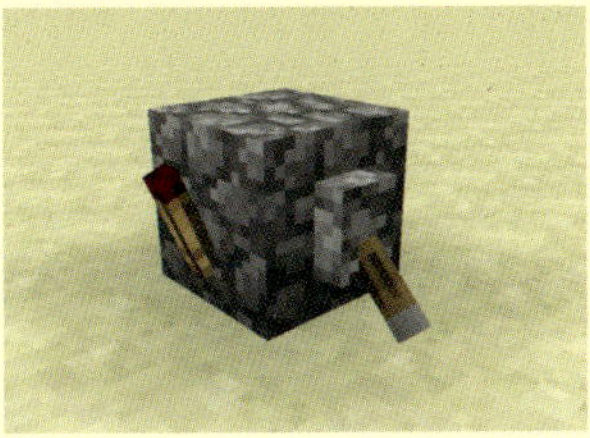

(clic droit à nouveau). **Le bouton** envoie une impulsion pendant un court instant et **la plaque de pression** envoie de l'énergie tant qu'un objet se trouve dessus.

L'énergie créée peut parcourir une distance de 15 blocs avant de s'éteindre. Vous pouvez par exemple poser un levier, de la poudre redstone sur 15 blocs puis une porte. Lorsque vous activez le levier, le courant parcourt la distance de 15 blocs et ouvre la porte reliée au câble redstone que vous avez tracé. Il est possible cependant de faire parcourir une distance plus grande. Pour cela, vous pouvez placer une torche redstone ou un répéteur qui va propager à nouveau le courant sur une distance de 15 blocs supplémentaires.

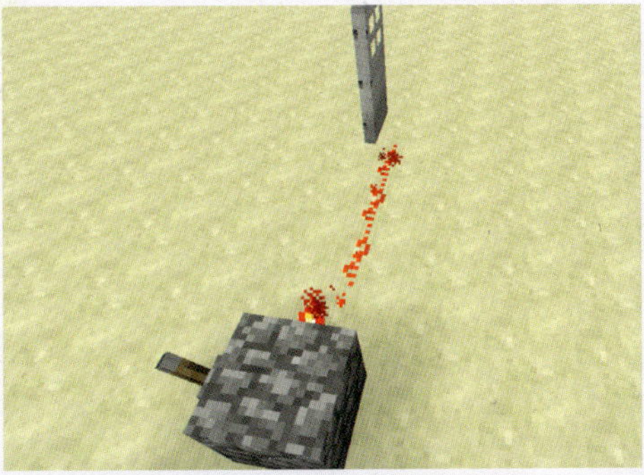

Chapitre 1

Sources d'énergies principales

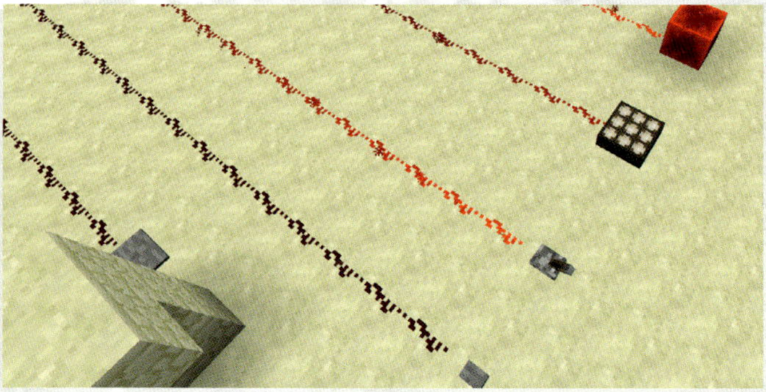

Objet	Positionnement
Torche redstone	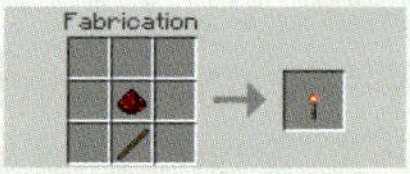
Bloc de redstone	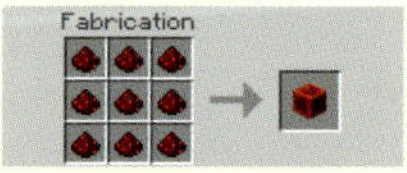
Plaque de pression	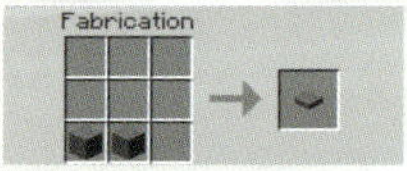
Levier	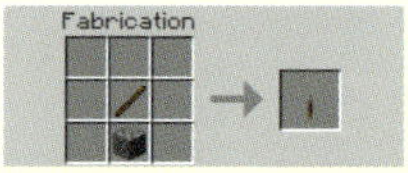
Bouton	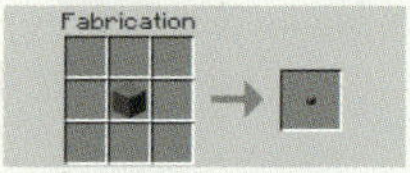
Capteur solaire	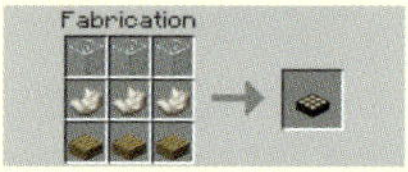

Le répéteur

Le répéteur n'a pas pour fonction uniquement de propager le courant redstone, il peut également retarder la sortie du courant (ce qui peut par exemple laisser une porte ouverte plus longtemps avant qu'elle ne se ferme automatiquement). De nombreuses utilisations sont possibles.

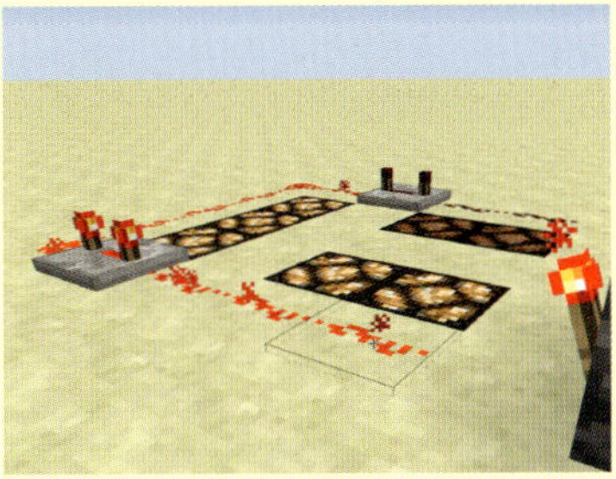

Vous avez vu comment créer un courant avec ces différentes techniques. C'est bien joli tout ça, mais vous allez en faire quoi de cette énergie créée ? Eh bien, simplement la relier à des objets qui vont réagir à ce courant. Les objets qui réagissent à cette impulsion électrique sont variés. Il peut s'agir de portes, de trappes, de pistons, de distributeurs, de lampes, de fours, de jukebox. Et c'est là que les choses vont devenir intéressantes puisque vous allez

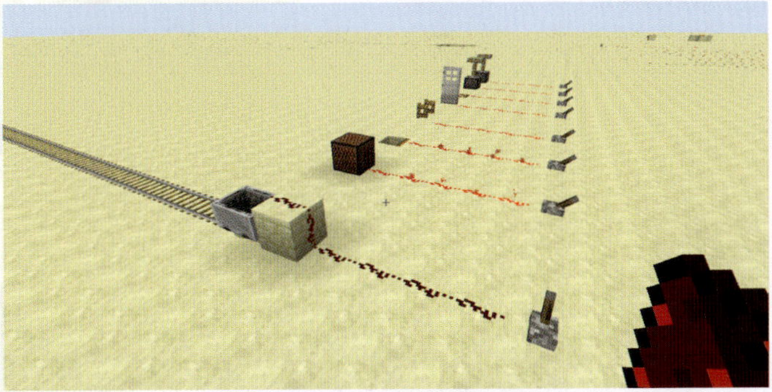

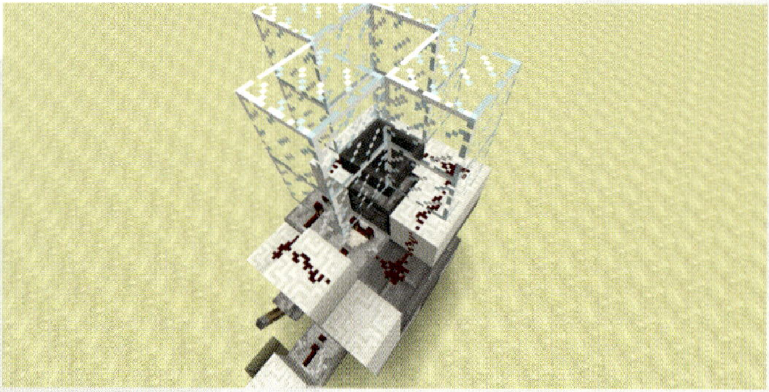

pouvoir automatiser certaines tâches qui vont aller des plus classiques comme ouvrir une porte automatiquement sur votre passage à d'autres, plus complexes, comme la création de pièges ou même la création automatique de ponts ou d'édifices.

L'objet répéteur permet de récupérer un courant redstone et de l'alimenter à nouveau sur 15 blocs. Il peut également faire office de retardateur (lorsque l'on clique dessus, on peut modifier la position d'un bouton et décaler légèrement le moment où repart le courant redstone).

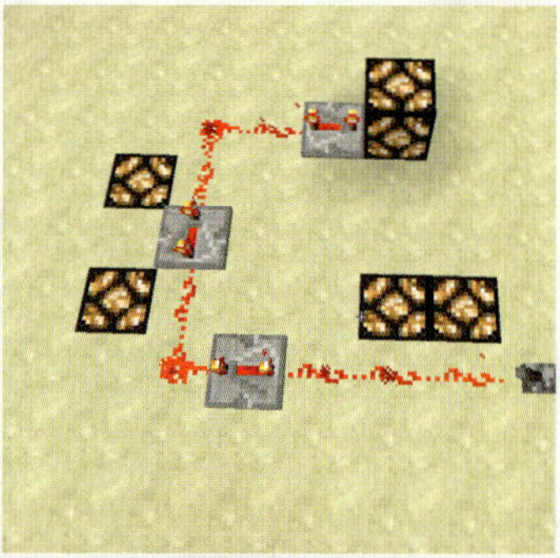

Le comparateur est un objet qui permet de comparer l'intensité en entrée de deux courants et d'en définir un autre à la sortie. Le comparateur peut fonctionner en mode addition ou soustraction. Le mode de base (addition) compare la puissance du courant en entrée et la puissance du courant qui vient d'un des côtés. Si le courant qui entre dans le

Testez la redstone

N'hésitez pas à créer une partie en mode créatif pour tester les mécanismes, combinés avec la poudre de redstone. Soyez simple au départ (testez les moyens d'ouvrir une porte à distance, par exemple en marchant sur une plaque de pression) et à force d'utiliser les objets, des idées vous viendront à l'esprit et vos mécanismes gagneront en complexité et en efficacité. Et allez voir les nombreuses chaînes YouTube qui traitent du sujet, la communauté a toujours plein d'idées à montrer.

comparateur est plus puissant que celui qui vient sur un des côtés, la sortie produira du courant (de la même intensité que celui de l'entrée). En revanche, s'il est plus faible, il n'y aura aucun courant en sortie. Le mode soustraction lui donnera un courant dont l'intensité sera égale à celle qui vient d'un des côtés moins celle qui entre – ce qui est utile lorsque vous souhaitez par exemple sur un mécanisme réduire rapidement l'intensité du courant. Pas simple d'imaginer

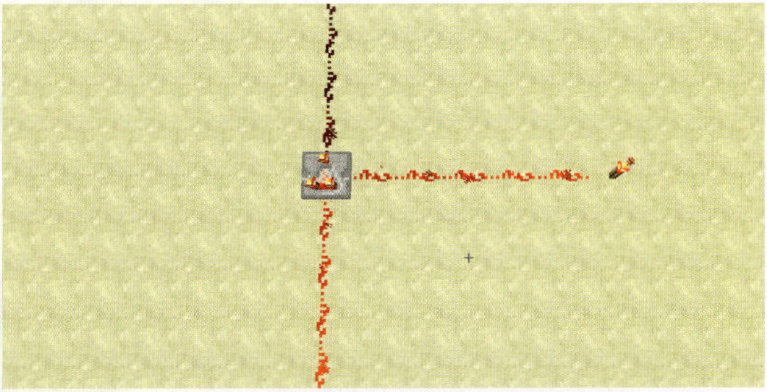

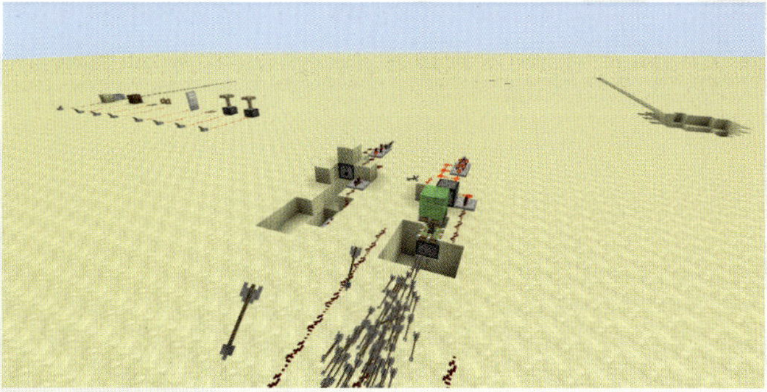

des utilisations concrètes dans un premier temps. Mais sachez par exemple, qu'à l'aide d'un comparateur et d'un distributeur, vous pourriez créer une tourelle qui, activée, lancerait des flèches à grande vitesse sans que vous ayez à activer manuellement le mécanisme. Pour rester dans le domaine de ce qui peut produire de l'énergie, sachez que d'autres objets peuvent le faire à condition d'être posés devant un comparateur. Ainsi, les **coffres** (et double coffres), **entonnoirs**, **jukebox**, **distributeurs**, **fours** et **alambics** peuvent produire un signal redstone plus ou moins fort selon leur contenu. Un coffre totalement rempli produira un signal redstone de 15 blocs. Nous aurons l'occasion de revenir sur ces deux objets, très utilisés aujourd'hui dans les systèmes redstone, que sont le répéteur et le comparateur.

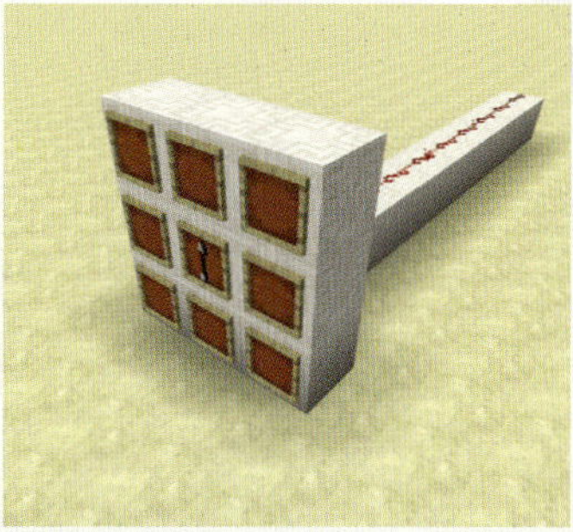

Sources d'énergie secondaires

Objet	Positionnement
Coffre	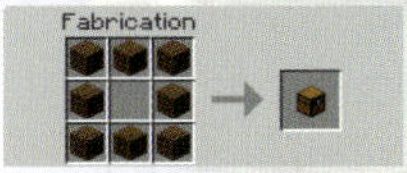
Entonnoir	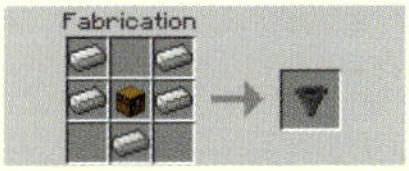
Jukebox	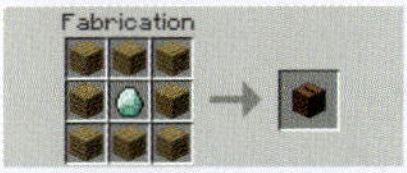
Distributeur	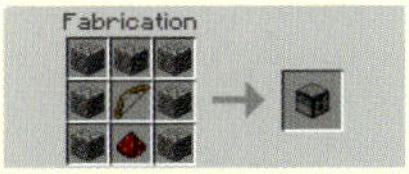
Fourneau	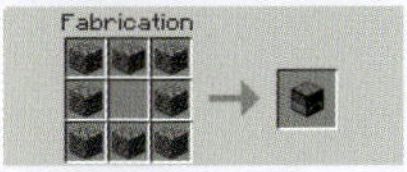
Alambic	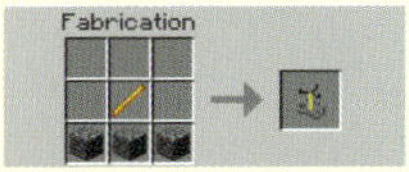

Chapitre 2

Porte photosensible

Pour commencer, voici une première application toute simple à créer. L'idée est de créer un portail de deux blocs de hauteur qui s'ouvre la journée et se ferme la nuit sans que vous n'ayez à actionner aucun mécanisme.

Objets nécessaires

Capteur solaire
Poudre de redstone
Torche redstone
Pistons collants
Comparateur
Blocs

Avant de vous lancer dans l'utilisation de la redstone, vous pouvez déjà tester manuellement le concept. Posez vos pistons collants et utilisez un levier pour comprendre comment activer les deux pistons en une seule fois. Lorsque vous posez un levier à côté d'un piston et que vous l'activez, le piston se déclenche. Le levier produit de l'énergie pour les blocs adjacents ainsi que ceux qui se trouvent en dessous. Cela permet donc d'utiliser deux

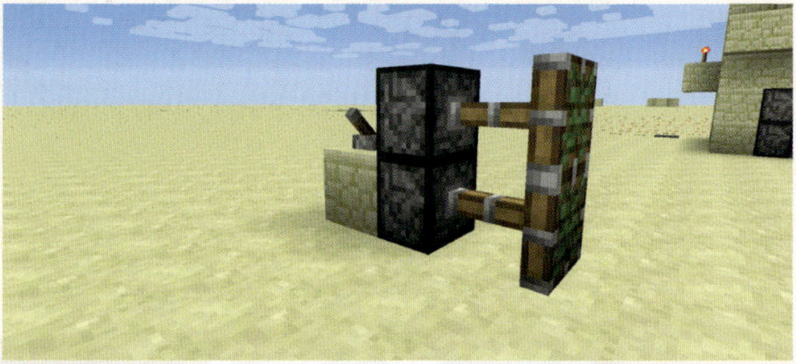

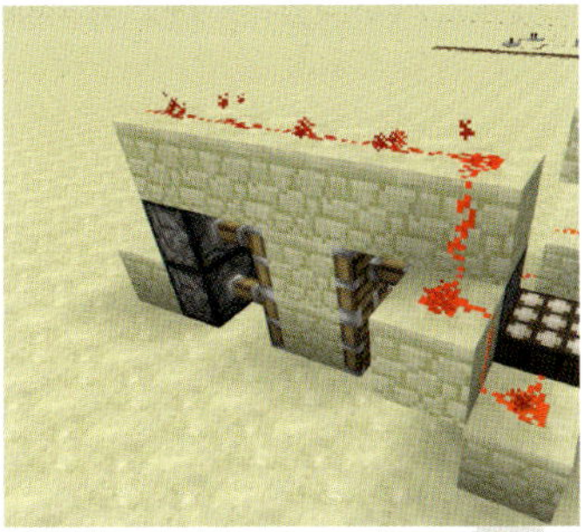

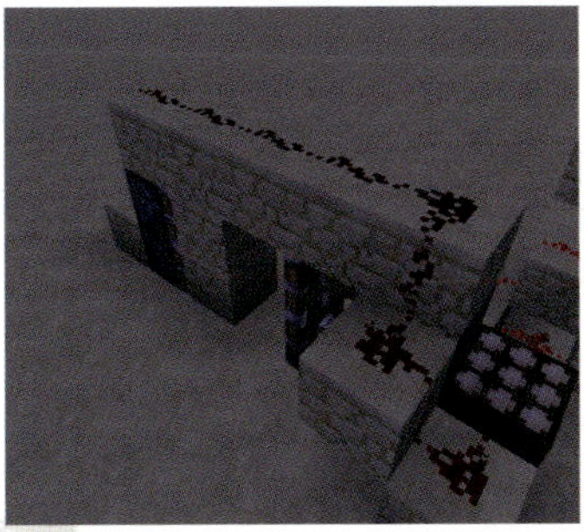

pistons avec un seul levier. Imaginez maintenant qu'à la place du levier, on place un capteur solaire. Le capteur crée de l'énergie lorsque la luminosité est au-dessus ou en dessous d'un certain seuil (un clic droit sur le capteur lui permet de changer d'état). Remplacez le levier par un capteur et faites courir une ligne redstone pour alimenter tous les pistons. À l'aide de la commande "/time set 0" et "/ time set 12000", vous pourrez passer de jour ou de nuit afin de tester le mécanisme. Vous pouvez placer la poudre de redstone sur un bloc passant au-dessus des pistons. Lorsqu'un bloc est alimenté, il produit de l'énergie pour le bloc situé en dessous. Le système fonctionne mais il reste un problème. Lorsque la luminosité baisse, le courant

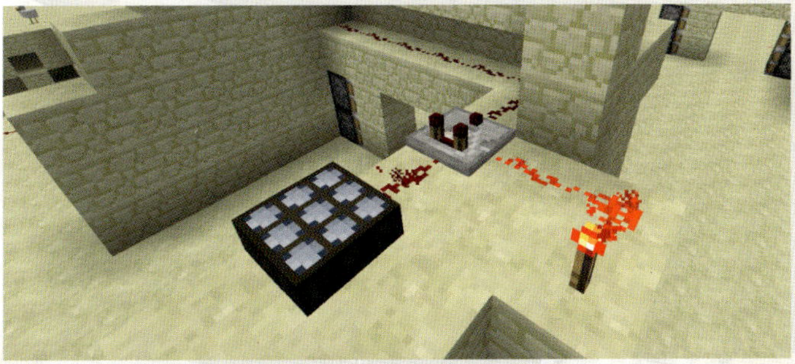

redstone n'est pas entièrement coupé. Ce qui signifie que la série de pistons la plus éloignée va s'activer alors que l'autre, encore alimentée, ne sera pas activée, laissant un passage. C'est là que vous allez utiliser le comparateur. Pour couper le courant en sortie du comparateur, il faut que le signal qui entre soit plus faible que celui qui passe sur le côté. Il suffit donc de placer une torche de redstone sur le côté du comparateur et de la redstone. Le comparateur va fonctionner et dès que le courant qui entre sera plus faible que celui qui arrive par le côté, toute la redstone placée en sortie du comparateur sera éteinte et tous les pistons s'activeront en même temps. Vous n'avez plus ensuite qu'à habiller votre mécanisme et vous avez une porte qui se fermera automatiquement selon qu'il fait jour ou nuit.

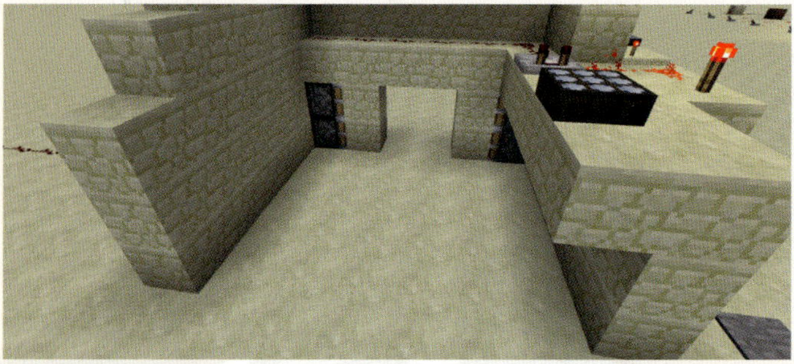

Un lance-flèche

Le principe de cette petite machine est de lancer de manière très rapide les flèches placées dans le distributeur et de les envoyer à une trentaine de blocs plus loin.

Objets nécessaires

Distributeur
Flèches
Poudre de redstone
Répéteur
Comparateurs
Piston collant
Bloc de slime

Lorsque vous placez un **comparateur** en mode soustraction (la torche de devant est allumée) et que vous raccordez la sortie à l'une des entrées de côté, vous obtenez une pulsation très rapide du courant. Rajoutez un comparateur derrière le premier en mode soustraction également. Chaque pulsation sera interprétée par le distributeur comme si vous coupiez, puis allumiez le

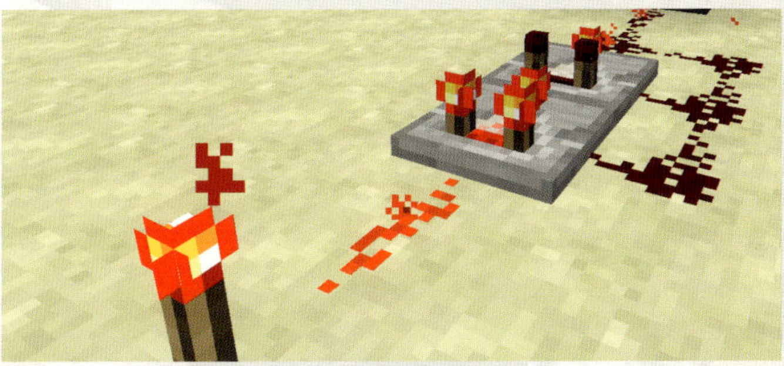

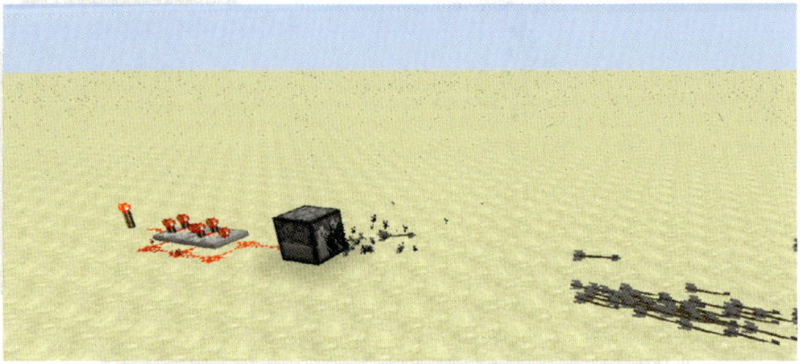

courant, lâchant à chacune de ces pulsations une des flèches placées dans le distributeur raccordé à la redstone. Sans autre modification, le distributeur va lancer une flèche quelques blocs plus loin, sans grand danger pour des ennemis (à moins que ce système ne soit placé dans un couloir étroit). L'idée est donc de donner de l'élan au projectile. C'est là que le piston collant et le bloc de slime interviennent. Il faut raccorder le piston au courant généré afin qu'il se lève et descende régulièrement. Ainsi, la flèche lancée va rebondir sur le bloc de slime et se retrouver projetée une trentaine de blocs plus loin. Le répéteur placé après le distributeur va permettre de ralentir la cadence du piston (en faisant un clic droit dessus, vous pouvez changer le délai

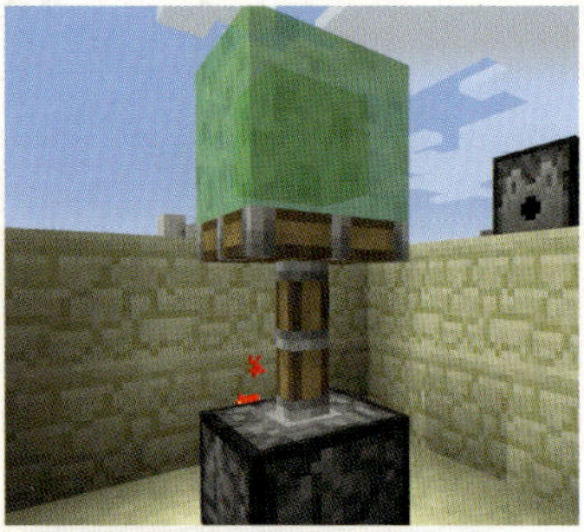

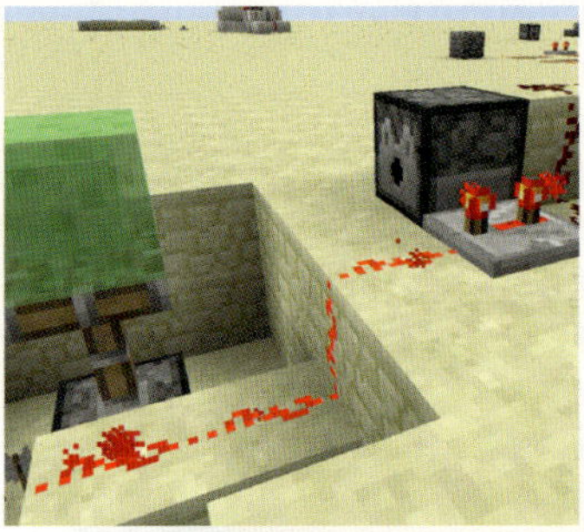

du répéteur) pour trouver celle qui permettra d'envoyer les flèches le plus loin.

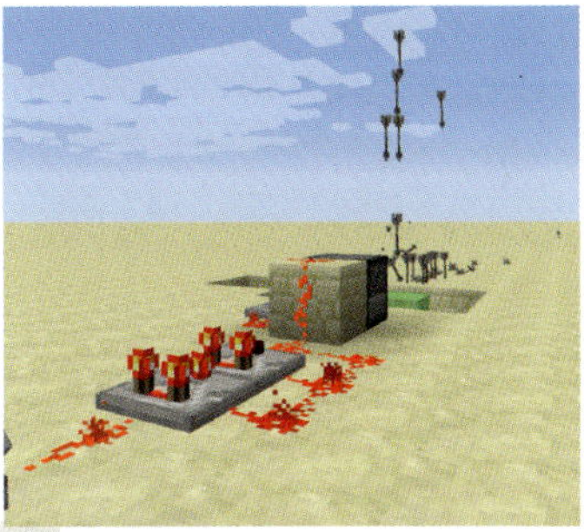

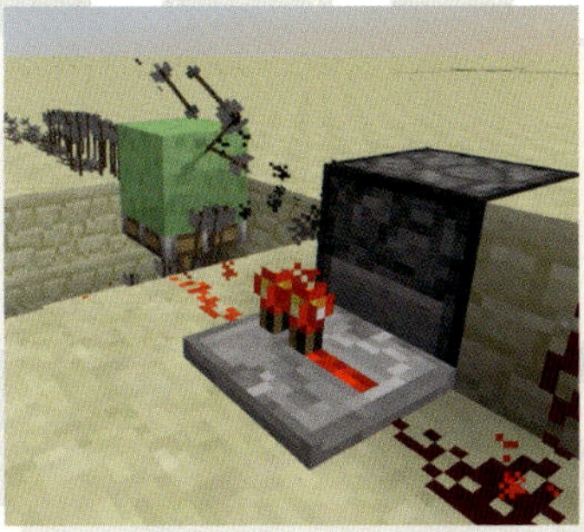

Ce système n'est pas optimisé et les flèches partent trop rapidement (mais la plupart sont envoyées très loin). Il faut placer un répéteur avant le distributeur afin de pouvoir régler la cadence de tir du distributeur. Mais il s'agit juste d'un exemple pour vous montrer une utilisation simple et automatisée de la redstone...

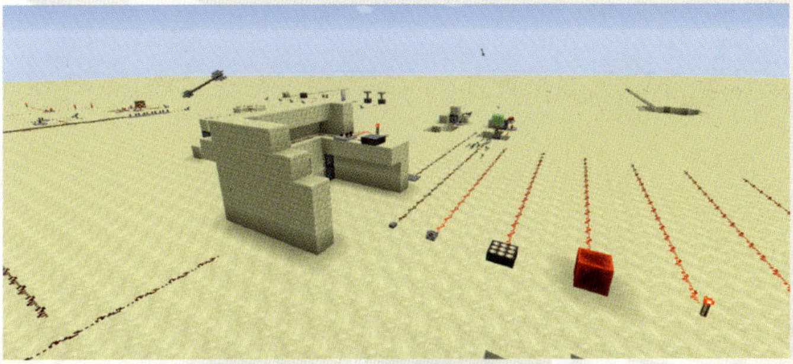

Le chicken cooker 2000 de MrCrayfish

Vous en avez assez de chasser du poulet à l'arc ? Le chicken cooker 2000 est fait pour vous. Compact et simple d'utilisation, il saura vous offrir à vous et à vos amis de magnifiques poulets déjà cuits et prêts à consommer !

Objets nécessaires

- Poudre de redstone x10
- Torche de redstone x2
- Répéteurs x2
- Comparateur
- Leviers x2
- Distributeur
- Entonnoir
- Pistons collant x2
- Blocs de slime x2
- Fours x6
- Coffre
- Bloc de roche du Nether
- Barrières ou muret x30
- Portillon
- Blocs de verre x8
- Dalles x13

Ce petit appareil vous permet à la fois de faire un **élevage de poulets** et en actionnant un levier, de passer tous vos petits poulets à la broche en une fois. Le fonctionnement de l'appareil consiste à poser vos poulets au-dessus d'un entonnoir. Ces derniers, lorsqu'ils vont pondre, lâcheront les œufs qui vont tomber dans un distributeur. Lorsque le distributeur sera activé, il laissera à son tour tomber les œufs qui vont se briser. Chaque œuf a 1 chance sur 8 de faire apparaître un poussin. Lorsque vous aurez suffisamment de poussins prêts à être lancés, vous activerez un levier pour éjecter les poussins à travers le feu, ce qui les brûlera et vous fournira du poulet cuit ainsi que des plumes.

La catapulte

Pour commencer, installez le mécanisme qui va permettre d'activer la catapulte à poule. Creusez deux blocs sous le sol et placez un piston collant dans le fond ainsi qu'un bloc de slime par-dessus. Creusez ensuite 4 blocs devant et placez la poudre de redstone pour alimenter le piston collant ainsi qu'une torche de redstone pour activer le piston. Détruisez les blocs que le bloc de slime a remontés et placez sur les coins 4 blocs de votre choix.

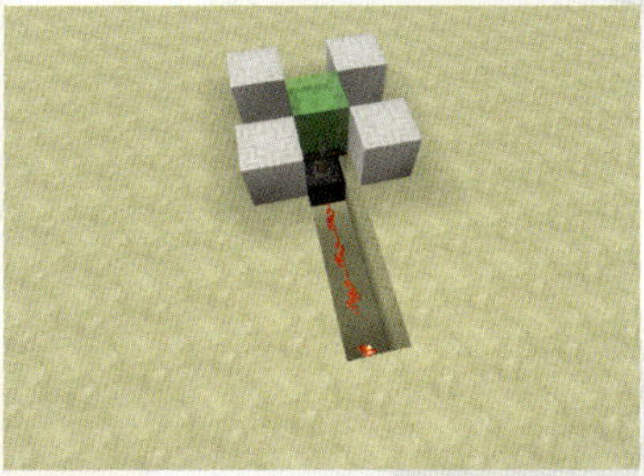

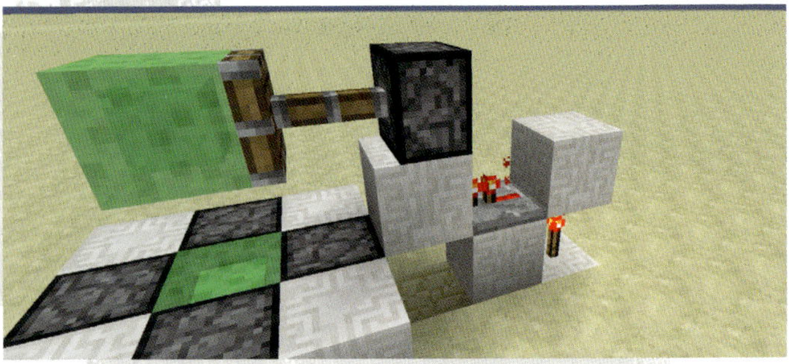

Posez ensuite vos 4 fours sur les côtés adjacents au slime. Les fours ne sont pas concernés par l'action collante du bloc de slime et n'empêcheront pas le mécanisme de fonctionner (et ils sont peu coûteux en ressources). Placez ensuite une torche de redstone au-dessus du bloc où vous avez déjà posé une torche redstone, puis un bloc devant, un bloc au-dessus de la torche et un autre au même niveau en laissant un espace pour poser le repéteur entre ces deux blocs. Enfin, placez un piston collant et un bloc de slime sur le bloc en face du répéteur. Le bloc du dessous étant alimenté par le répéteur, le piston sera activé. Posez un levier sur le côté du bloc où vous avez posé la deuxième torche de redstone pour activer ou désactiver la catapulte.

Le brûleur

Utilisez les dalles pour habiller l'appareil. Elles font la moitié d'un bloc en hauteur et ne risquent pas d'entrer en contact avec les blocs de slimes. Le brûleur est symbolisé par un bloc de roche du Nether. Vous pourrez l'allumer à l'aide d'un briquet. L'avantage est de ne pas utiliser de systèmes à base de lave parfois délicats à gérer et qui possèdent l'inconvénient de détruire les objets qui restent sur un bloc de lave. Cette roche se récupère dans le Nether mais il n'y a aucune difficulté particulière pour l'extraire.

Le perchoir

La troisième étape va être de créer le perchoir afin que les poulets ne puissent s'échapper. Ils seront ainsi toujours placés sur le bloc et lorsqu'ils lâcheront leurs œufs, ils vont tomber dans l'entonnoir. Le coffre situé en dessous empêchera certains poulets d'être éjectés sur les côtés. Et le coffre n'empêchera pas les œufs de tomber au bon endroit. Vous pouvez placer sur le perchoir autant de poulets que vous le souhaitez. Plus vous en aurez, plus vous aurez régulièrement des œufs qui tombent et potentiellement,

plus de chances d'avoir des poussins sur la catapulte. Si vous construisez cet appareil en mode survie, utilisez un portail à l'endroit où vous poserez le coffre. Lorsque vous aurez ensuite posé le distributeur, vous pourrez récupérer la barrière et poser le coffre en dernier.

Le circuit redstone

Le **comparateur**, couplé au **répéteur**, est connecté au distributeur. Lorsqu'une poule pond un œuf, il tombe dans l'entonnoir puis dans le distributeur. À chaque fois qu'un œuf rentre dans le distributeur, cela alimente le circuit en courant et active le distributeur qui lâche l'œuf en dessous. Sans ce système, les œufs seraient simplement stockés dans le distributeur.

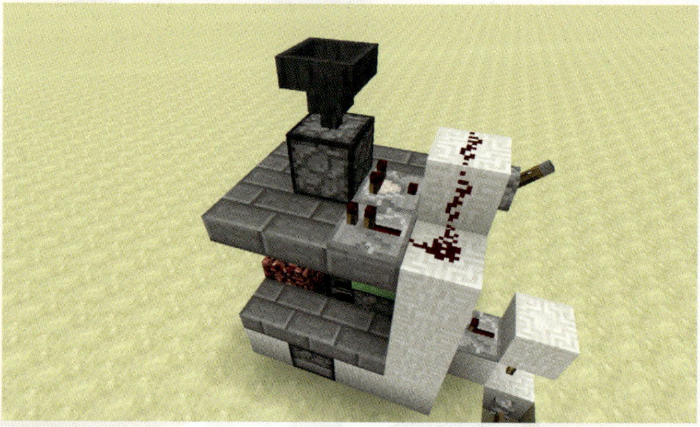

L'enclos

La construction de l'enclos permet de contenir les poules éjectées à travers le feu. Elles resteront ainsi dans l'enclos, aucun animal ne peut franchir les murets en pierre. Il ne vous reste plus ensuite qu'à passer par le portail pour aller récupérer vos poulets cuits et vos plumes !

Vous pouvez ajouter des échelles ou des lianes sur les côtés si vous construisez ceci en mode survie. Vous pourrez ainsi grimper plus facilement sur votre structure. N'hésitez pas à tester et modifier des choses dessus. Il est possible de conserver le principe sans bloc de slime. Les poules seront éjectées moins loin. À vous de jouer maintenant ! Et si vous souhaitez voir la construction pas à pas du système, rendez-vous sur la chaîne YouTube de MrCrayfish (*Minecraft 1.8 : Redstone Tutorial – Chicken Cooker 2000*).

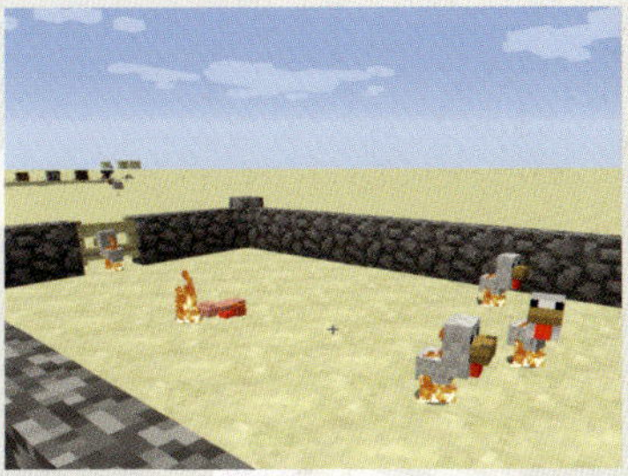

Le mot de passe

Il existe bien des manières de protéger l'accès à vos coffres. Voici un système à base de mot de passe pour ouvrir une porte en fer. Simple et efficace !

Objets nécessaires

- Poudre de redstone
- Torche de redstone
- Répéteur
- Comparateur
- Distributeur
- Entonnoir
- Piston collant
- Blocs de slime
- Fourneau
- Porte en fer
- Tapis
- Plaque de pression
- Bouton
- Papier

La base de ce système repose sur le fait que les objets de type conteneurs (coffres, distributeurs, etc.) sont des sources d'énergie et qu'elles peuvent donc activer des mécanismes comme une ouverture de porte. Inspiré à la base par le système de MrCrayfish (*Password Locked Door* sur YouTube), je me suis amusé à bidouiller le système pour le rendre plus simple. Le principe reste le même, pour ouvrir la porte, il faut jeter un objet renommé dans un entonnoir. Si l'objet est le bon et avec le bon nom (donc le bon mot de passe), la porte va s'ouvrir. Ensuite, il faut aller sur une dalle pour éjecter la clé, ce qui permet de fermer la porte et également de récupérer l'objet. Pour sortir, il y a simplement un bouton qui ouvre la porte un court instant.

Création du mot de passe

Vous allez tout d'abord choisir le type d'objet qui vous servira de clé. Vous pouvez prendre ce que vous voulez. Dans cet exemple, il s'agit de **morceaux de papiers**. Pour renommer l'objet, utilisez l'enclume, placez l'objet dedans et renommez-le. Ce sera votre mot de passe. Si vous choisissez des objets empilables dans l'inventaire, vous aurez besoin d'en créer 64. Sinon, vous pouvez utiliser des objets comme le lit.

Le Filtre

Lorsque vous jetez un objet dans un entonnoir, il reste dedans sauf si la sortie de l'entonnoir est reliée à un objet pouvant le contenir (coffre, distributeur). Dans cet exemple, c'est le distributeur qui va faire office de filtre. Le moyen le plus économique est de remplir 8 emplacements avec des lits et de remplir le 9ème avec l'objet qui vous servira de clé. Ici, vous placerez 63 morceaux de papiers renommés "123". Ainsi lorsque vous allez lancer le morceau de papier dans l'entonnoir, il viendra compléter le distributeur (qui contiendra 64 morceaux de papiers renommés "123"). Si vous jetez d'autres objets dans l'entonnoir, ils ne tomberont pas dans le distributeur mais resteront dans l'inventaire de l'entonnoir ou au pire resteront au sol.

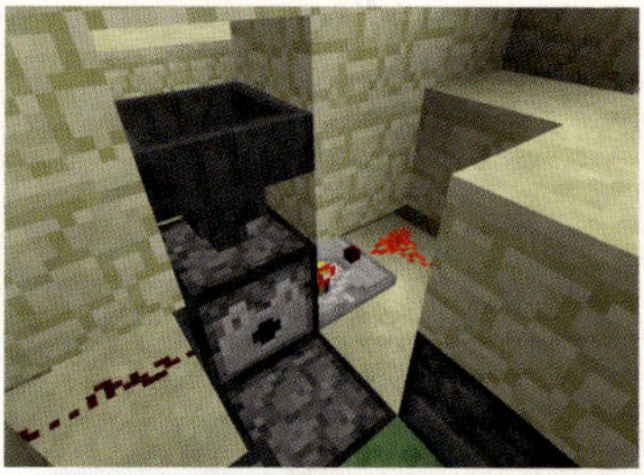

Le circuit redstone

Le principe de cet exemple repose sur le fait qu'une fois rempli, le distributeur va produire une énergie redstone à son maximum (capable d'alimenter un câble redstone sur 15 blocs). Posez un **comparateur** à côté du distributeur et faites courir une ligne de poudre de redstone jusqu'à ce que le signal soit au plus faible. C'est à cet endroit que vous poserez la porte en fer qui s'ouvrira si le distributeur est rempli. Dès lors que le distributeur n'est pas plein, le courant ne sera pas suffisant pour alimenter la porte et elle se fermera. Il est tout à fait possible d'optimiser ce circuit mais cet exemple est simplifié à l'extrême, afin de le rendre plus compréhensible.

De l'autre côté du distributeur, vous allez poser une plaque de pression qui, reliée avec de la poudre de redstone au distributeur, va déclencher le mécanisme et libérer une des clés du distributeur. Ce

dernier, produisant alors un peu moins d'énergie, va couper l'alimentation de l'ouverture de la porte et cette dernière se fermera. La clé libérée du distributeur est éjectée juste devant. Comme en général les circuits redstone sont cachés et situés en dessous, il serait impossible de la récupérer à moins de creuser le sol jusqu'à retrouver votre clé (ou la laisser disparaître au bout de quelques minutes). Lidée est donc d'éjecter la clé sur un bloc de slime sous un piston collant qui, actionné par la plaque de pression va faire ressortir la clé sans que vous ayez à la chercher. Il faut pour cela placer un piston collant et le bloc de slime devant le distributeur (laissez un bloc d'écart). Il faut également placer un retardateur, afin que le piston collant lève le bloc de slime au bon moment et propulse la clé en hauteur.

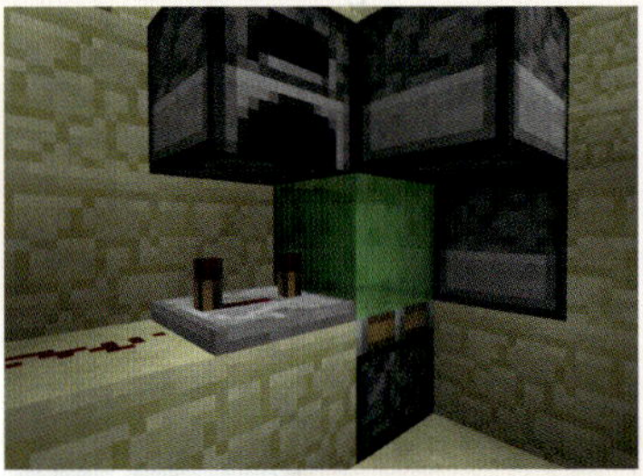

Le bouton d'ouverture

Placez un simple bouton à côté de la porte en fer, afin de pouvoir l'ouvrir un court instant et sortir sans avoir à jeter à nouveau la clé dans l'entonnoir.

Il ne reste plus qu'à finir l'habillage de votre sol en prenant garde à ne pas bloquer le courant. C'est pourquoi à certains endroits, vous placerez des tapis au sol, plutôt que des blocs. Évidemment, ce système possède des limites et vous pourrez certainement trouver des moyens astucieux pour le rendre encore plus efficace.

La porte cachée de AndyThaPandy

Voici un système qui vous permet de placer une ouverture secrète sans aucun moyen de détecter le mécanisme. Vous pouvez utiliser ceci pour créer un passage vers un de vos précieux coffres remplis de diamants !

Objets nécessaires

Poudre de redstone
Torche de redstone
Répéteurs
Pistons collants x7
Blocs de construction

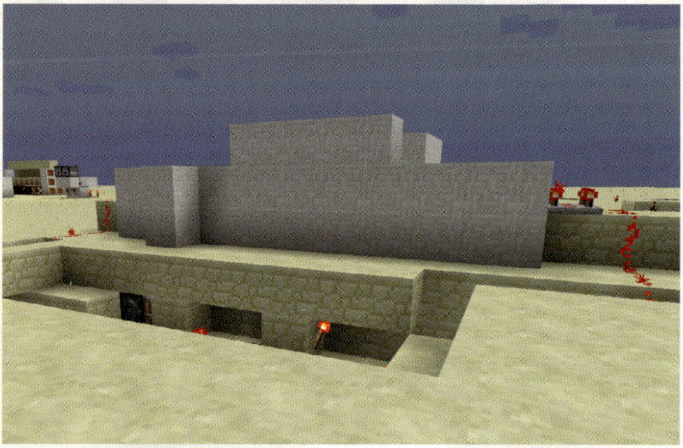

Le système d'ouverture

Comme il s'agit d'une porte cachée, l'idée est d'utiliser un objet pour ouvrir le mécanisme. Pour cela, la torche redstone va faire l'affaire. Vous seul saurez où poser la torche afin d'alimenter le mécanisme de l'ouverture de la porte. La seule petite difficulté du système réside dans le fait que les pistons collants doivent être à l'état actif en permanence. Ce qui signifie qu'en plaçant la torche redstone, le signal envoyé doit désactiver les pistons afin qu'ils "tirent" les murs et laissent apparaître le passage.

Les pistons collants

L'effet sympathique de ce système est de voir le mur s'enfoncer légèrement avant de s'ouvrir. Cet effet est créé à l'aide de la série des deux pistons collants, situés face aux murs, et qui les décalent avant que les autres pistons sur les côtés ne se ferment et tirent à leur tour les blocs qui constituent le mur. Il faut pour cela que les pistons soient activés en permanence

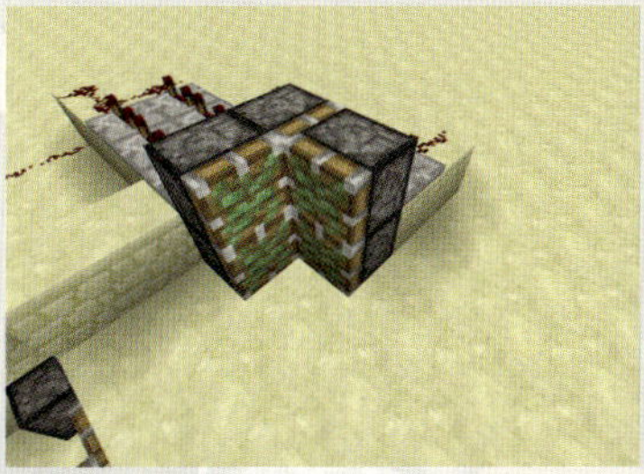

lorsque la porte est fermée. Et l'ouverture consiste à couper le courant d'abord sur les pistons qui "tirent" la porte en face de la personne qui s'y trouve, puis couper le courant qui alimente les pistons sur le côté afin de faire coulisser les blocs et ouvrir le passage. Vous pouvez tester le mécanisme d'abord de manière manuelle en installant vos blocs et en posant des torches redstone et en les retirant pour bien voir l'effet désiré.

Le circuit redstone

Le cœur du circuit réside dans le fait d'avoir un circuit alimenté par défaut (et donc des pistons déjà activés). Pour cela, il faut créer un petit système qui va couper le circuit lorsqu'on pose une torche de redstone sur un mur. Posez un piston collant avec un bloc, puis un espace, de la poudre de redstone, puis un bloc avec une torche de redstone dessus. En

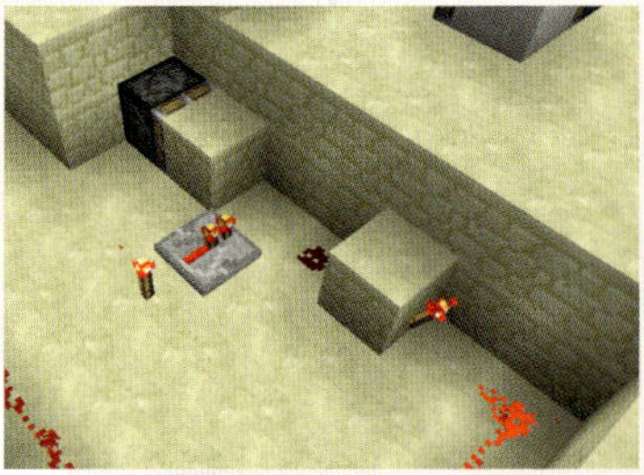

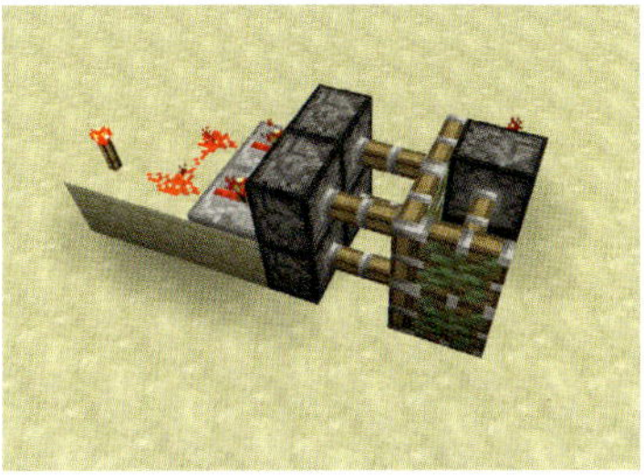

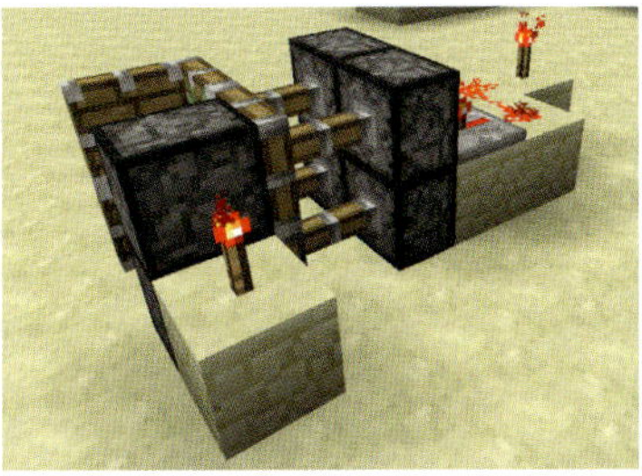

face de l'espace vide, posez un répéteur et une torche de redstone derrière pour l'alimenter. Lorsque vous posez la torche au-dessus du piston (sur le mur), le piston va s'activer, alimenter le bloc en face et de fait, couper l'alimentation de la torche de redstone (la torche produit de l'énergie mais si elle en reçoit, cela l'éteint). Résultat, lorsque vous posez la torche de redstone sur votre mur, **tout le circuit est coupé**, ce qui va désactiver les pistons qui maintiennent les blocs en place. Et le passage s'ouvrira, comme par magie !

À vous ensuite de faire courir la poudre de redstone pour rejoindre le circuit qui active les pistons collants. Le répéteur est nécessaire pour prolonger le courant (sinon au bout de 15 blocs vous n'aurez

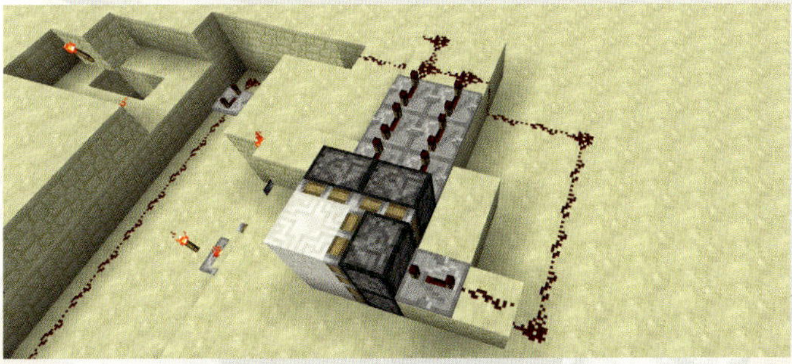

plus d'énergie). Concernant la priorité d'action sur les pistons, vous devez faire en sorte que les derniers pistons ne soient alimentés que par l'action des premiers. La poudre de redstone doit donc rejoindre les pistons qui "tirent" la porte uniquement lorsque ces derniers sont poussés par les premiers. Les photos devraient vous donner une bonne idée du mécanisme.

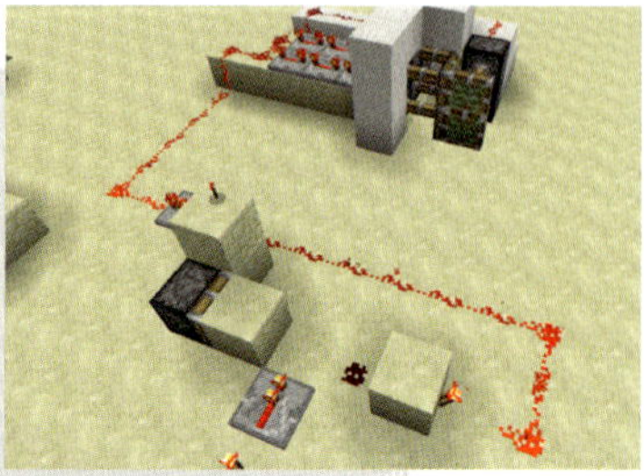

Testez le circuit avec une partie de porte puis recopiez le système de l'autre côté avant de vous lancer dans l'habillage ou la dissimulation de votre circuit redstone. Lorsque vous aurez parfaitement compris le système, il sera plus simple de faire courir les lignes redstones sans vous tromper.

L'action des répéteurs

Les 6 répéteurs sont utiles pour vous donner le temps de passer par la porte avant qu'elle ne se referme, lorsque vous retirez la torche de redstone. Réglez-les au maximum chacun (chaque répéteur a 4 positions). Si vous voulez allonger la durée d'ouverture de la porte avant sa fermeture, vous pouvez ajouter d'autres répéteurs.

Ouvrir la porte de l'intérieur

Une fois rentré à l'intérieur de votre passage et après que ce dernier s'est refermé, il faut **créer un système pour que vous puissiez ressortir** sans avoir à creuser pour installer la torche de redstone à l'extérieur. Il faut pour cela placer une plaque de pression ou un bouton (un mécanisme qui donnera une impulsion redstone pendant un court moment) et créer une ligne de redstone pour rejoindre le piston qui est normalement activé par la pose de la torche de redstone. Prévoyez de l'espace pour qu'aucune ligne de redstone ne se croise. Lorsque vous marcherez sur la plaque de pression, le passage s'ouvrira et se fermera derrière vous.

Il ne vous reste plus qu'à habiller l'ensemble de votre construction et vous aurez un passage secret dont l'ouverture n'est pas détectable !

La trieuse de Minecraft Zéphyrr

Combien de fois vous êtes-vous retrouvé avec l'inventaire rempli de tas d'objets ? Ou en ne sachant plus où vous aviez fourré cette satanée pelle ? Cette trieuse vous permettra de ne plus avoir à penser à tout ça !

Objets nécessaires

Poudre de redstone
Torche de redstone
Répéteur
Comparateur
Entonnoir
Coffre
Enclume (optionnel)
Cadre

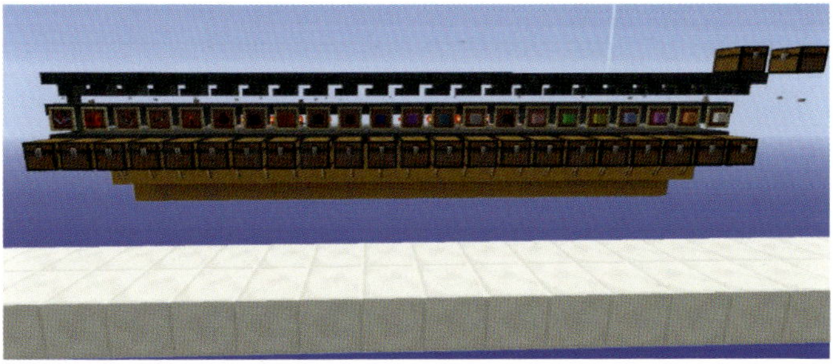

Le principe de ce système consiste à placer vos objets dans un entonnoir, la trieuse va se charger de placer les objets dans les coffres correspondants. Plus facile à dire qu'à faire ! Mais en utilisant un peu de redstone et la propriété des entonnoirs, vous allez voir qu'il est tout à fait possible de créer un système de tri très évolué.

L'entonnoir

L'entonnoir est un objet qui peut contenir jusqu'à 5 types d'objets différents. Si vous placez un entonnoir et qu'il n'est relié à rien, les objets que vous jetez à l'intérieur restent dedans et s'empilent s'ils le peuvent. Lorsque l'entonnoir ne peut plus rien contenir, l'objet que vous jetez reste au sol et disparaît au bout de quelques minutes. Relié à un coffre ou un distributeur, l'entonnoir récupère l'objet et le place directement dans un autre objet qui peut le contenir.

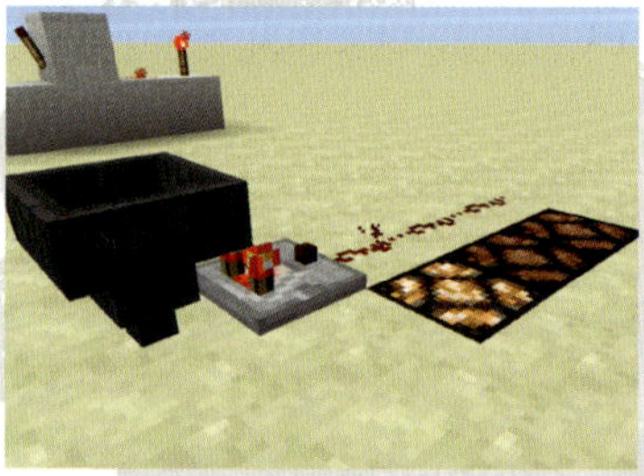

Si vous placez plusieurs entonnoirs en ligne, l'objet passe d'un entonnoir à un autre, jusqu'à tomber dans un conteneur ou rester dans l'entonnoir s'il n'y a rien pour le recevoir. Il est possible de cette manière, de faire "voyager" un objet, un peu comme dans un tuyau. Comme vous l'avez vu en introduction, l'entonnoir fait partie de ces objets qui peuvent être générateur d'énergie redstone, et dont l'intensité varie selon le contenu. Un entonnoir totalement rempli (par exemple de 64 x 5 blocs de terre), produira un courant redstone pouvant parcourir 15 blocs. Cette propriété va être utilisée pour produire un courant très faible à la base mais qui augmentera si l'entonnoir reçoit l'objet désiré. Ce qui actionnera un circuit redstone permettant de faire fonctionner le dernier entonnoir relié au coffre dans lequel on veut trier l'objet. Dernière propriété importante de l'entonnoir utilisée dans ce système : s'il reçoit du courant (d'une torche redstone par exemple), il cesse de fonctionner et s'il est relié à un coffre, il n'y placera pas l'objet (comme la torche redstone qui s'éteint si elle reçoit du courant).

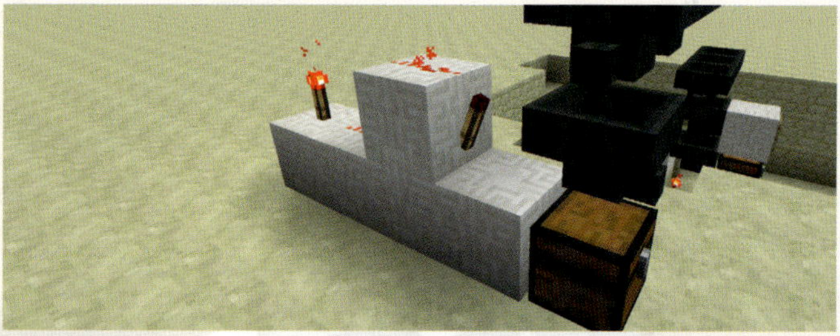

Le Filtre

L'entonnoir qui va faire office de filtre doit être rempli avec un exemplaire de l'objet à filtrer. Les autres emplacements seront remplis par des objets en faible quantité (afin que l'entonnoir ne produise pas un courant trop fort). Pour plus de sécurité dans le système, le mieux est de renommer les objets placés à côté de celui à filtrer. Ainsi, si vous jetez des objets susceptibles de s'empiler, ils ne pourront pas se placer dans l'entonnoir. Placez donc, à côté de votre objet à filtrer, 6 objets dans le deuxième emplacement puis 5 dans les autres. Ainsi, en l'état, l'entonnoir ne produit qu'un bloc de courant redstone. Et lorsqu'un autre objet arrivera dans l'entonnoir, un deuxième bloc de courant sera produit. Ce qui permettra d'activer le système redstone et

de procéder au tri (en d'autres termes, l'objet supplémentaire qui arrivera à rentrer dans cet entonnoir activera le mécanisme qui le placera dans le coffre). Pourquoi utiliser plusieurs entonnoirs ? Simplement parce que ceux du dessus symbolisent le tuyau par lequel transitent les objets que vous voulez trier. Le filtre, lui, conditionne le type d'objet que l'entonnoir accepte et celui situé en dessous du filtre recevra l'objet et le laissera passer dans le coffre.

Le circuit redstone

Assez rudimentaire, il consiste à placer un comparateur derrière l'entonnoir qui sert de filtre, et un **répéteur** derrière le bloc qui va recevoir la torche de redstone. Lorsque le filtre est configuré, un courant redstone de 1 bloc est disponible. Ce qui signifie que le répéteur n'est pas alimenté en énergie et la torche de redstone reste allumée,

empêchant l'entonnoir de faire son travail. Lorsqu'un objet qui correspond au filtre arrive dans l'entonnoir, le courant est suffisament fort pour alimenter le répéteur, éteindre la torche et donc vider le filtre d'un objet (celui qui vient d'être reçu). L'entonnoir du dessous, lui, va vider son contenu vers le coffre. Notez que pour la première utilisation, l'entonnoir collé au coffre n'aura pas le temps de vider le premier objet vers le coffre (même en déplaçant d'un cran le répéteur).

L'habillage

Il vous suffit, maintenant que le système est testé, de vous le fabriquer en série. N'oubliez pas de placer la sortie de vos entonnoirs "tuyau" dans le même sens (gauche ou droite) et les sorties des entonnoirs "filtre" et "coffre" face au coffre. Vous pouvez aussi vous fabriquer des petits cadres afin de les poser au-dessus de vos coffres et vous n'aurez ainsi plus à réfléchir, juste à vider votre sac dans l'entonnoir principal, la machine fera le reste ! Et vous pouvez regarder sur la chaîne YouTube de Minecraft Zephirr sa vidéo *Trier automatiquement des items dans Minecraft*. Il la commente en français (avec son p'tit accent québécois !). Vous y trouverez des tas d'autres vidéos passionnantes.

La machine à potions de MrCrayfish

C'est le moment de voir la conception d'une machine très intéressante : la machine à potions. Très pratique à utiliser avant de partir à l'aventure ! Et évidemment, vous pourrez détourner le principe pour d'autres utilisations...

Objets nécessaires

Poudre de redstone
Torche de redstone
Répéteurs
Dropper
Entonnoir
Bouton
Cadre
Alambic

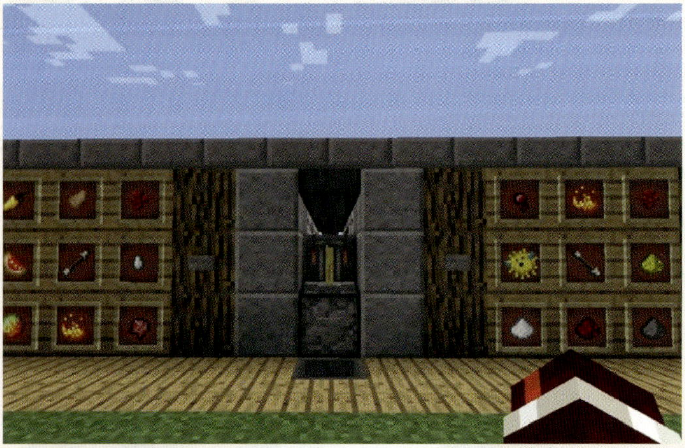

L'idée de cette machine est de sélectionner à l'aide de la flèche centrale située dans le cadre, un ingrédient qui sera utilisé dans la potion. Un clic droit sur la flèche la fait tourner et pointe vers l'ingrédient désiré. Lorsque vous avez choisi, appuyez sur le bouton pour activer la machine et le dropper contenant l'ingrédient va le lâcher dans l'entonnoir qui va ensuite le faire tomber dans l'alambic. La difficulté réside donc dans le fait de contrôler les droppers de manière indépendante et de faire comprendre que lorsque vous avez cliqué sur la flèche pour pointer un ingrédient, cela sélectionne le bon dropper. Vous allez voir, ce n'est pas si complexe que ça !

Le cadre

Lorsque vous placez un objet dans un cadre, vous pouvez en changer l'orientation dans le cadre à l'aide d'un clic droit. Comme pour les objets de type distributeur ou coffre, l'orientation de l'objet produit un courant redstone. Ce courant peut aller de 1 à 8 blocs (l'objet peut prendre 8 positions différentes). Comme pour les autres objets qui créent du courant, le moyen pour le récupérer est de placer un comparateur sur le bloc adjacent. En l'occurrence,

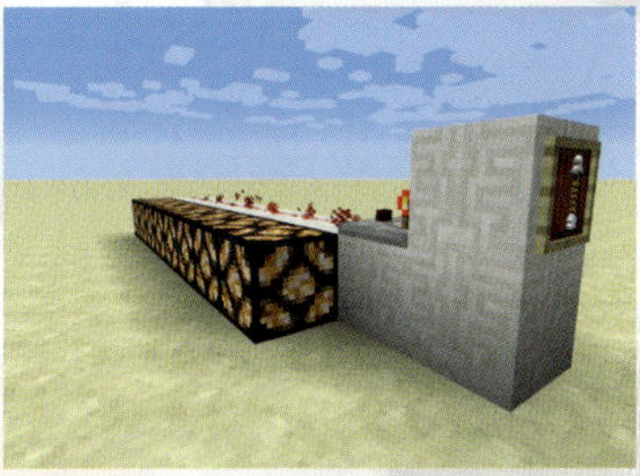

derrière le mur sur lequel vous aurez placé le cadre de votre sélecteur. Ce petit système (un mur, un cadre avec un objet dedans, un comparateur derrière et de la poudre de redstone) va fonctionner comme un potentiomètre qui vous permet de choisir la puissance du courant. Dans cette machine, cette puissance va symboliser l'objet que vous choisissez de faire tomber dans l'alambic.

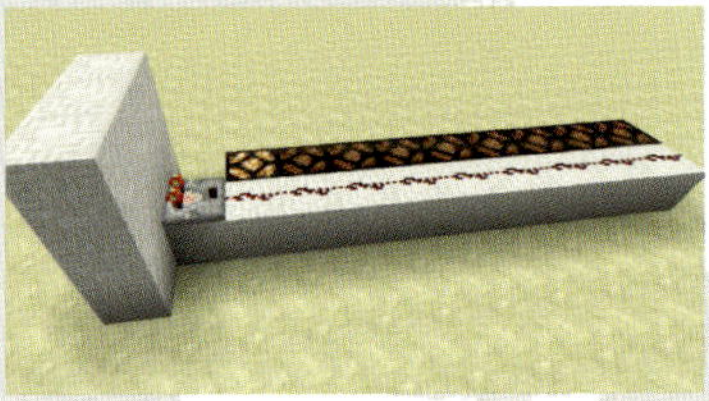

Les droppers

Contrairement aux distributeurs, un dropper ne fait que lancer l'objet au sol. Il ne l'utilise pas. Un distributeur qui contient par exemple une potion volatile, consommerait l'objet au moment où le distributeur est activé, alors que le dropper ne ferait que le placer au sol et le rendre disponible à un joueur. Lorsqu'un courant redstone arrive proche d'un dropper, ce dernier s'active et libère l'objet contenu à l'intérieur. Vous pouvez placer les droppers sur le côté du

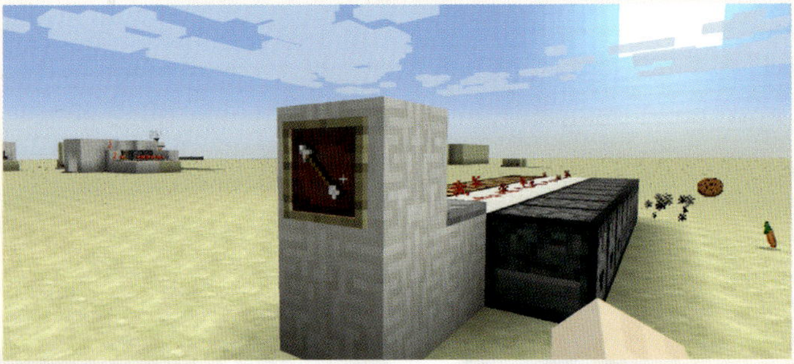

courant redstone généré avec des objets à l'intérieur pour tester votre potentiomètre. À chaque fois que vous tournez l'objet dans le cadre, le courant augmente sa portée et actionne le dropper situé plus loin. Sauf que lorsque vous revenez au premier, il ne lâche pas l'objet qu'il contient. De plus, ce système rudimentaire possède un inconvénient. Si un courant important alimente tous les droppers, ils lâcheront chacun un objet et ce n'est pas ce que vous souhaitez. De plus, le potentiomètre doit sélectionner le dropper qui sera alimenté mais pas l'activer. Il faut donc créer un système redstone pour contrôler de manière précise tout cela.

Le circuit redstone

Sur le côté du courant produit par le potentiomètre, placez une série de répéteurs, une série de blocs au-dessus et en face des répéteurs, puis à nouveau des répéteurs sur les blocs en face et enfin une série de torches de l'autre côté et des blocs au-dessus. Selon la position de votre flèche dans le cadre, le courant passera plus ou moins loin et éteindra les torches de redstone, ce qui empêchera les droppers non alimentés de fonctionner et de lâcher des objets non désirés.

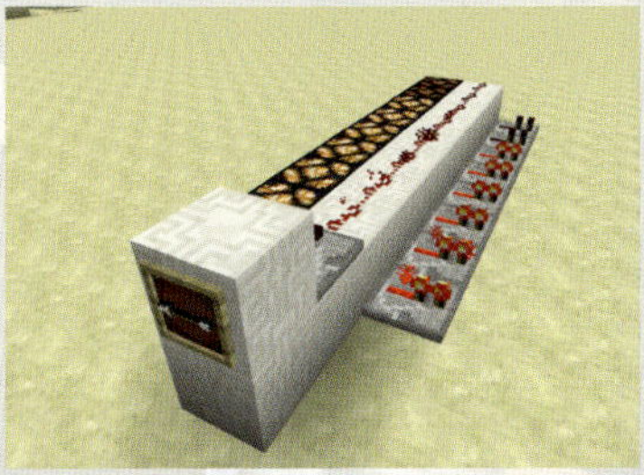

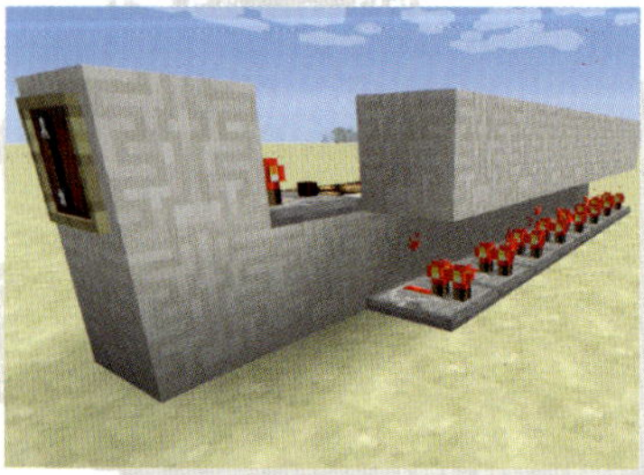

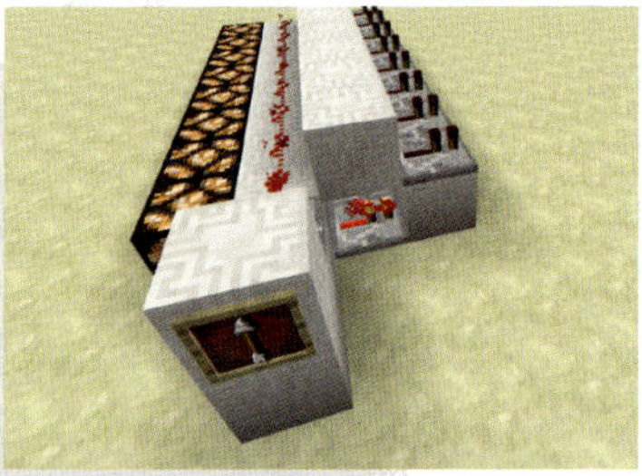

Pour empêcher que l'action de tourner l'objet dans le cadre actionne les droppers, vous allez placer une série de blocs au-dessus de la deuxième série de répéteurs. De cette manière, lorsque vous tournez votre potentiomètre, vous allez simplement éteindre les torches situées sous les droppers qui ne vous intéressent pas et allumer les répéteurs jusqu'au dropper sélectionné. De cette manière, vous alimenterez uniquement le dropper qui vous intéresse.

Il faut ensuite créer un système qui va donner une impulsion pour activer le dropper. Placez de la poudre redstone sur la série de blocs au-dessus des répéteurs, puis un bouton à côté du mur où vous avez placé vos cadres, et une torche de redstone derrière le bloc où vous avez mis le bouton. Cette torche va alimenter la

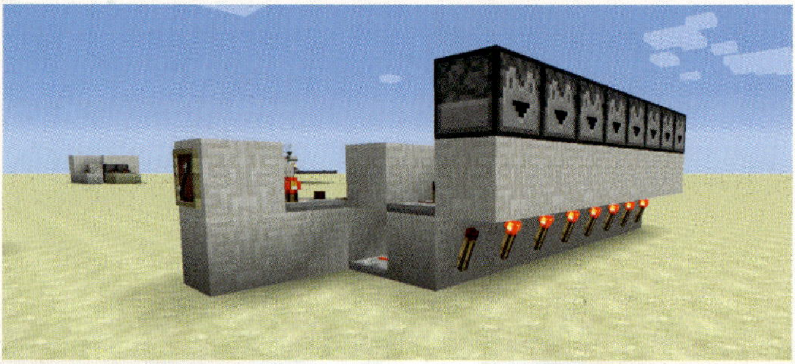

poudre de redstone qui activera le dropper. Lorsque vous appuyez sur le bouton, le courant se coupe, puis se réactive, donnant une impulsion qui va activer le dropper que vous aurez choisi et uniquement celui-là. Le dropper lâchera l'ingrédient dans l'entonnoir qui le déposera ensuite dans l'alambic. Répétez ce circuit à nouveau pour permettre de choisir d'autres ingrédients à placer dans votre alambic et concevoir ainsi tous types de potions.

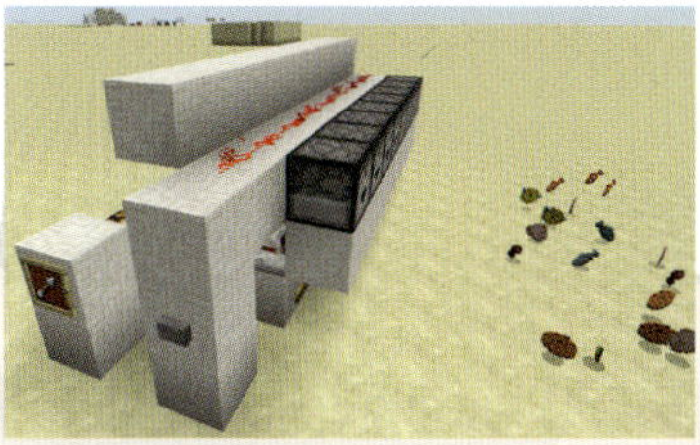

Les entonnoirs

Placez les entonnoirs devant vos droppers. Ils recevront les ingrédients lâchés et les amèneront jusqu'au dernier entonnoir situé au-dessus de l'alambic. Ils tomberont alors à l'emplacement prévu.

L'alambic

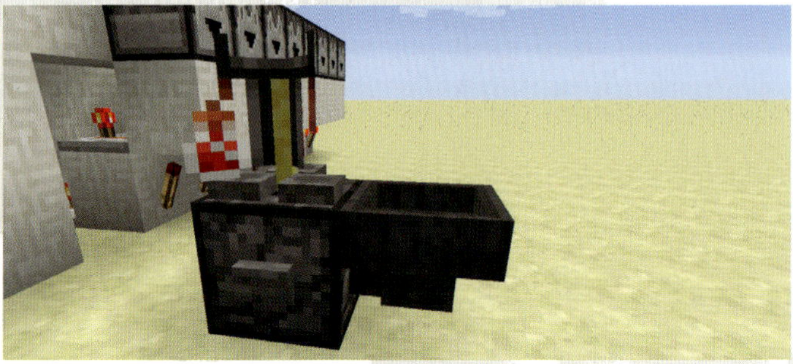

Ce petit système automatise la pose de vos fioles dans l'alambic. Placez un dropper dont la sortie sera située vers le haut puis votre alambic au-dessus du dropper (shift-clic pour le poser sur le dropper sans ouvrir l'inventaire du dropper) et sur l'un des côtés, un entonnoir dont la sortie sera reliée à l'alambic. Posez également un bouton sur le dropper. Vous pouvez habiller l'entonnoir avec des escaliers afin de jeter plus facilement vos fioles dans l'entonnoir. Ensuite, activez le bouton pour poser vos fioles déposées dans le dropper sur l'alambic.

Il ne reste plus qu'à habiller l'ensemble et à placer vos

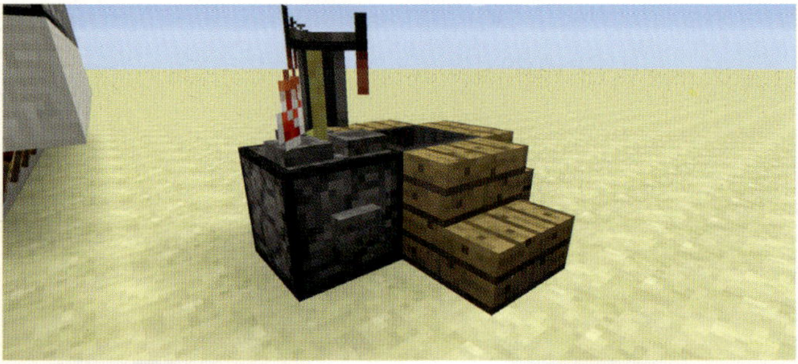

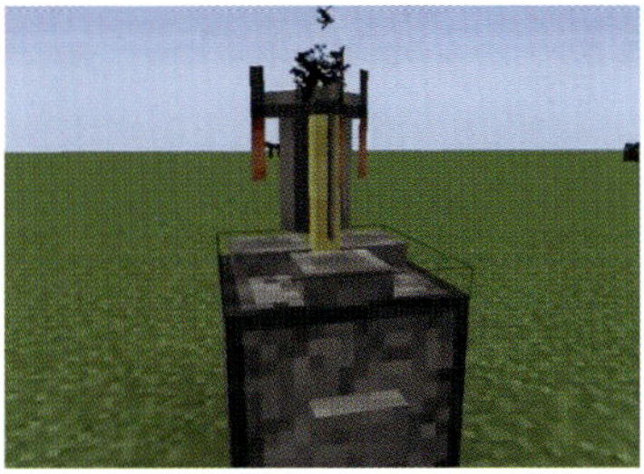

ingrédients dans les droppers correspondants et votre machine est fin prête ! Cette machine nécessite plusieurs actions de votre part (collecter et placer les ingrédients dans les droppers, placer vos fioles) mais le système de sélection des ingrédients est très agréable à utiliser. Il existe d'autres systèmes automatisés de création de potions. Celui de Minecraft Zephirr notamment est assez différent et très intéressant également. Vous pouvez aller voir la vidéo sur sa chaîne YouTube *Crafteur de potion 100% automatique*.

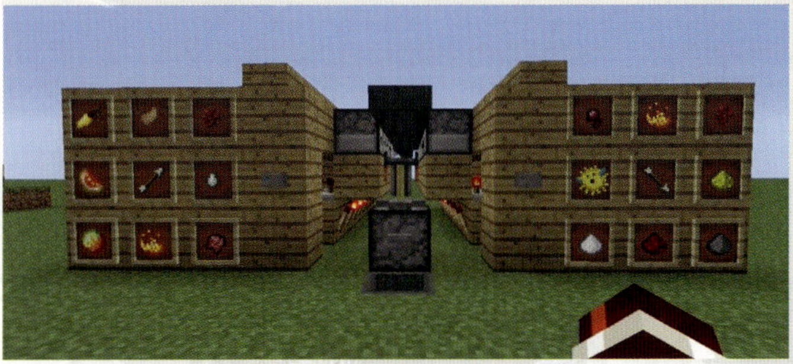

Les pièges

Lorsque vous jouez sur un serveur avec d'autres joueurs, il est courant de placer des pièges autour d'endroits stratégiques. Surtout si vous jouez en mode survie et que vous voulez repousser les voleurs quand vous n'êtes pas connecté.

Il existe de très nombreuses façons de piéger un joueur et nous n'aurions pas la place ici de tout référencer. Cependant, il existe quelques règles à respecter pour qu'un piège soit efficace. Tout d'abord, il doit s'intégrer parfaitement dans le décor. Certains pièges sont tellement visibles qu'il est impossible de tomber dedans. Il faut donc cacher au maximum les mécanismes qui déclenchent vos pièges. Si vous ne pouvez pas correctement cacher le mécanisme qui déclenche le piège, vous pouvez utiliser des subterfuges pour attirer l'attention vers un élément de décor (des lampes clignotantes, des machines à bruits, etc.). Une autre règle importante est que le mécanisme doit s'activer, piéger le joueur, puis s'initialiser à nouveau sans que vous n'ayez rien à faire. Un piège qui ne s'active qu'une seule fois n'est pas un bon piège ! Il

faut également que le piège soit mortel et de préférence rapide, afin d'empêcher le joueur d'utiliser des objets pour se soigner ou s'échapper. Enfin, il faut un système pour récupérer les objets du joueur un peu trop curieux. Cela permet de dissuader le joueur qui est tombé dans le piège de revenir, et vous aurez en plus récupéré l'inventaire du voleur ! Double punition pour lui. Les quelques pièges présentés ici sont assez classiques et vous donneront sûrement des idées pour en développer d'autres !

Le couloir piégé de MrCrayfish

Ce petit piège est assez évident à repérer mais n'en demeure pas moins efficace. En l'état, il ne permet pas de récupérer les objets de la victime mais un petit système supplémentaire peut se rajouter sans trop de soucis.

Objets nécessaires

Poudre de redstone
Torche de redstone
Répéteur
Distributeur
Toile d'araignée
Piston collant

Lorsqu'un joueur va entrer dans le couloir et marcher sur la plaque de pression, les deux murs vont être poussés par les pistons collants et le système redstone va également activer le distributeur qui va lancer les flèches sur la cible. Comme le joueur sera coincé sur la plaque de pression, il ne pourra s'échapper. Si le joueur saute, il sera capté par la toile d'araignée et même si cela désactive le mécanisme, en redescendant, le joueur touchera forcément la dalle et le piège se refermera à nouveau.

Les pistons collants

Ils permettent de pousser les deux blocs du couloir pour enfermer le joueur. Le fait d'utiliser un piston collant permet une fois l'intrus éliminé de remettre le piège à son état initial. Dans sa vidéo, MrCrayfish utilisait des pistons classiques mais je vous conseille plutôt les collants, histoire de ne pas avoir à reconstruire le piège une fois qu'il a fonctionné. Même si un joueur peut toujours tenter d'utiliser sa pioche, l'effet de surprise le plongeant dans le noir complet permet de gagner du temps.

Le circuit redstone

La plaque de pression va envoyer du courant redstone que vous allez utiliser pour activer les pistons collants et déplacer les murs du couloir. En faisant remonter le courant sur le toit, vous allez également activer le piston du haut, qui va pousser un bloc qui fera contact entre le système du répéteur et activera le distributeur. Seulement, si le distributeur était activé en continu, une seule flèche partirait et le piège ne serait pas très efficace. C'est pourquoi il faut placer derrière le bloc du répéteur une torche de redstone et de la poudre redstone à côté du distributeur. Ainsi, lorsque

le courant arrive et déclenche le piston, le bloc poussé est alimenté, le distributeur envoie une flèche, la torche de redstone s'éteint et se rallume, donnant une nouvelle impulsion électrique qui envoie de nouveau une flèche, jusqu'à ce que la plaque de pression soit relâchée, signifiant la mort de l'intrus.

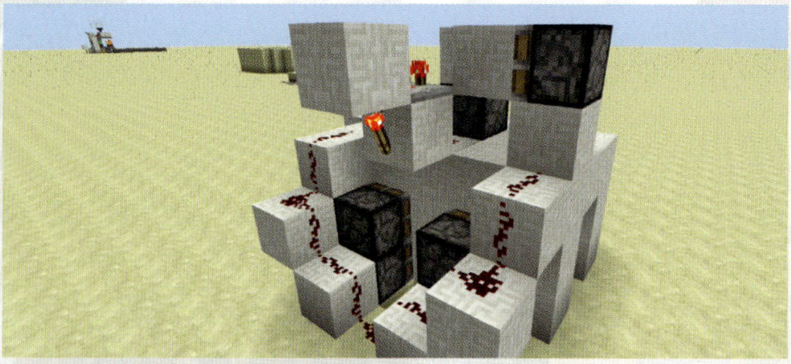

L'habillage

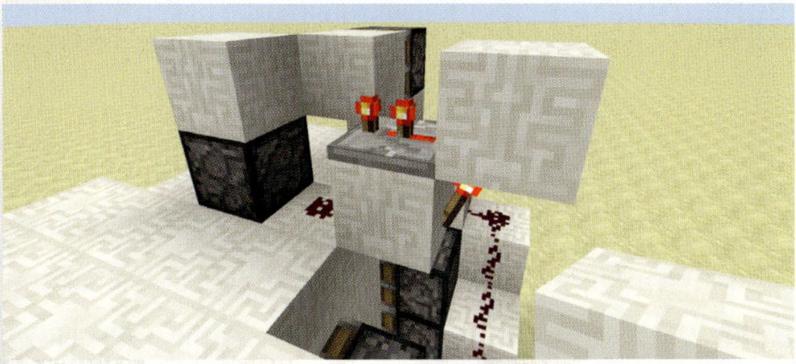

N'oubliez pas de cacher l'ensemble du circuit redstone puis de camoufler au mieux le piège. Par exemple, une plaque de pression de pierre placée sur de la roche est plus discrète (la texture est la même). On peut toujours la remarquer mais vous pouvez en placer une à l'entrée également. Elle ne sera reliée à rien mais peut mettre en confiance un novice, qui voyant qu'aucun piège ne s'est activé à la première plaque, s'avancera plus loin.

Le piège de l'échelle de RonygoBOOM

Voilà un piège assez sympathique et qui devrait surprendre bon nombre de joueurs (sauf peut-être les vétérans), il s'agit du piège de l'échelle. Discret et efficace, son seul défaut vient du fait qu'il vous faut replacer l'échelle une fois le piège déclenché...

Objets nécessaires

Poudre de redstone
Torche de redstone
Répéteur
Piston collant
Échelle
Crochet
Ficelle
Porte en fer
Verre

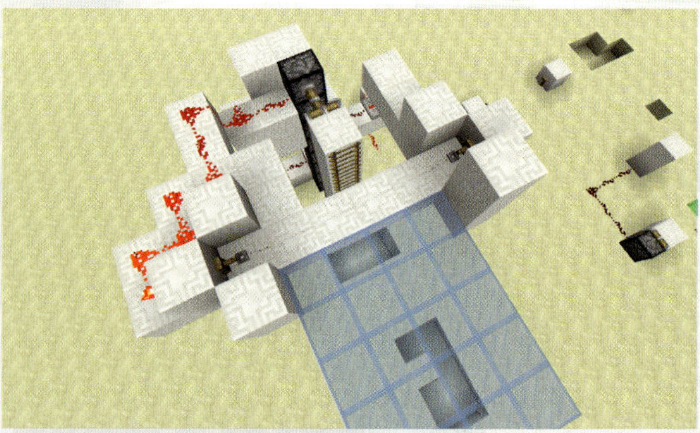

Pour que ce piège fonctionne, il faut mettre en scène la pièce et créer une décoration qui va surtout distraire le joueur et l'empêcher de se focaliser sur des détails. L'idée du piège est d'inciter un joueur à utiliser une échelle pour descendre et au moment où il monte sur l'échelle, cette dernière disparaît. L'effet de surprise est en général suffisant pour que l'intrus n'ait pas le temps de réagir et finisse écrasé comme un vieux flan en bas de votre échelle.

Les pistons collants

Vous allez vous servir de ces pistons pour tirer les blocs sur lesquels les échelles sont posées. En se déplaçant, les blocs vont "expulser" les échelles et le joueur qui s'y trouvait va simplement tomber dans le vide. À moins d'avoir de supers réflexes, il a peu de chances de s'en sortir. La limite de ce piège vient du fait qu'il est nécessaire de replacer les échelles une fois le piège utilisé. En bas des échelles, placez également des pistons collants afin d'ouvrir une trappe vers un trou. Vous pouvez aussi placer 22 pistons collants pour casser les échelles (un joueur qui tombe de 22 blocs de haut va perdre tous ses points de vie).

Les circuits redstone

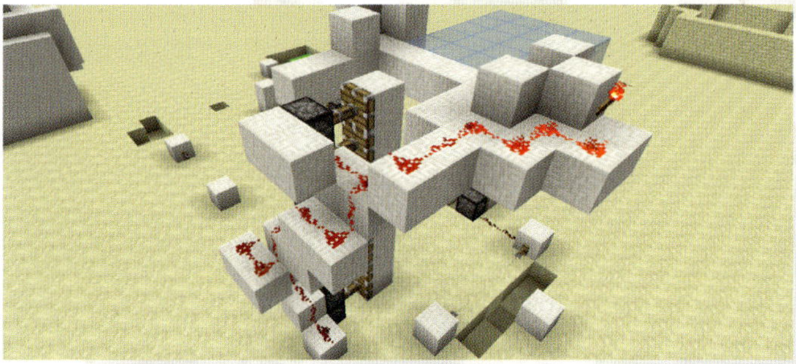

Le piège est très simple dans son fonctionnement. Le déclencheur est la ficelle, reliée au crochet. L'impulsion redstone permettra d'éteindre la torche de redstone située de l'autre côté du crochet. Ainsi, lorsque le joueur va commencer à descendre l'échelle, tous les pistons vont s'activer et détruire les échelles. Les répéteurs permettent d'allonger le signal redstone qui servira pour activer les 4 autres pistons qui ont pour fonction d'écarter le sol en bas et plonger le joueur vers la fosse où se situeront les entonnoirs. Servez-vous également de l'énergie redstone qui part de l'autre crochet pour ouvrir la porte devant le joueur.

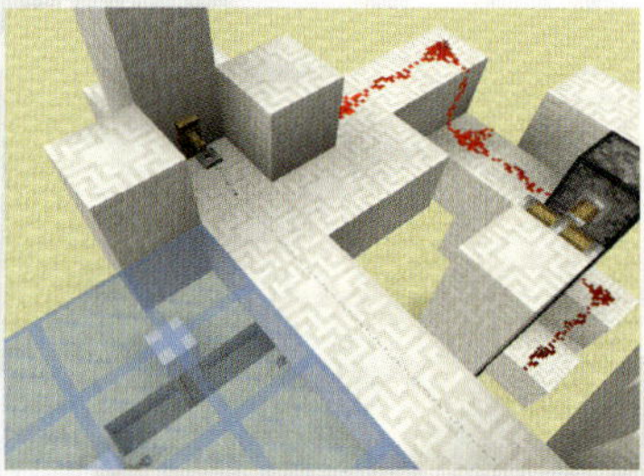

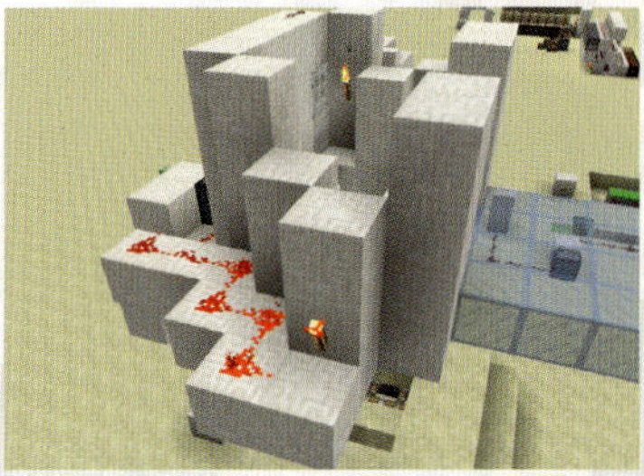

La fausse porte

Placer une porte qui ne mène nulle part fait partie de la mise en scène et va rendre l'intrus moins méfiant par rapport au bruit qui se produira lorsqu'il marchera sur le fil. Tout ce qui peut détourner l'attention est bon à prendre.

Le sol en verre

Là également, il s'agit d'inciter le joueur à regarder en dessous. Vous pouvez placer des éléments pour inciter le joueur à grimper sur l'échelle (sans trop en faire non plus). Une porte ou un coffre, un lit. Quelque chose qui peut donner l'impression que c'est le possesseur des lieux qui utilise l'échelle régulièrement. Cela permet d'éviter d'aller observer les recoins et de découvrir les crochets au premier coup d'oeil.

Le piège du trou

Un grand classique dans Minecraft : le sol rétractable ! Il en existe de toutes sortes et la plus grande difficulté réside dans le fait de trouver le déclencheur qui sera le plus discret. Voici une proposition que vous pourrez tout à fait peaufiner et modifier. Explications...

Objets nécessaires

Poudre de redstone
Torche de redstone
Bloc de redstone
Piston
Pistons collants
Coffre

Le principe est évident : créer un sol qui va se rétracter sous les pas du joueur. Dans un premier temps, voici la base de création du sol et le principe du circuit redstone qui va faire ce que vous souhaitez. Ce qui peut changer par la suite, c'est le déclencheur du piège.

Le mécanisme utilisé ici se nomme BUD switch (*Block Update Detector Switch*, qui peut se traduire par "Interrupteur de détection de mise à jour d'un bloc"). Le principe d'un BUD switch est de permettre de détecter une action qui change l'état d'un bloc (ouverture d'un coffre, disparition d'un bloc lorsqu'on creuse, démarrage d'un four, une modification de la puissance d'un courant redstone et de nombreuses autres choses). Pour que ce piège fonctionne, vous allez mettre en place un BUD Switch qui va s'activer lorsque vous ouvrirez le coffre. Cette action va donner une impulsion redstone qui désactivera les pistons collants sur lesquels est posé le sol où le joueur se trouve.

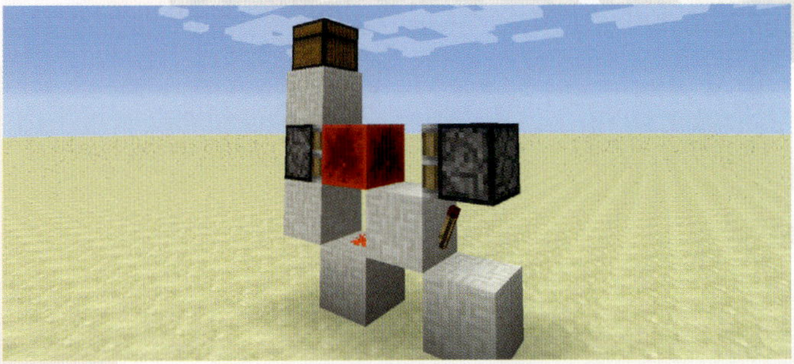

Le circuit redstone

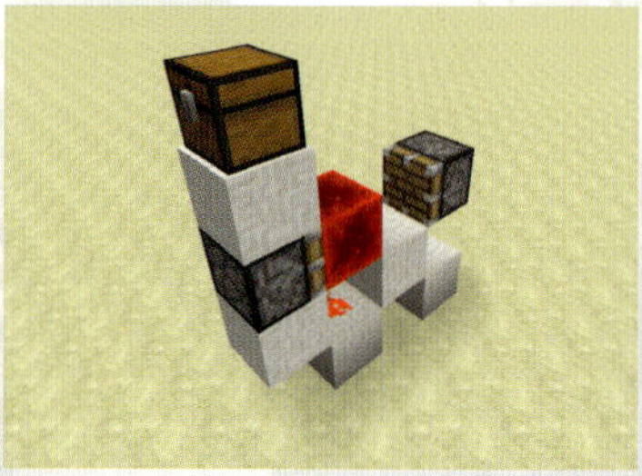

La base de création du BUD Switch repose sur un bloc de redstone. Ce type de bloc envoie constamment de l'énergie redstone. Sur le circuit que vous allez mettre en place, l'ouverture du coffre va déclencher l'activation du piston collant sur lequel est placé le bloc de redstone. Ce dernier, en touchant le piston en face, va générer une impulsion redstone qui va servir pour enclencher le mécanisme de rétraction des pistons collants. Dans cet exemple, le système du plancher rétractable est très basique mais vous pourrez l'améliorer en utilisant le principe décrit pour l'ouverture du passage secret (page 30). Le circuit redstone pour enlever le plancher sous les pieds du joueur repose sur le placement d'une autre source d'énergie redstone (torche redstone), qui va par défaut activer les pistons. Lorsque le coffre est ouvert, le courant redstone va éteindre le circuit qui active les pistons. Ces derniers vont se rétracter et le joueur tombera dans le trou ainsi créé.

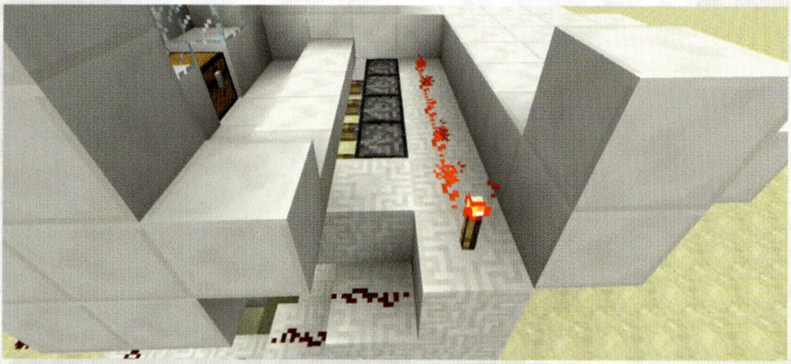

L'habillage

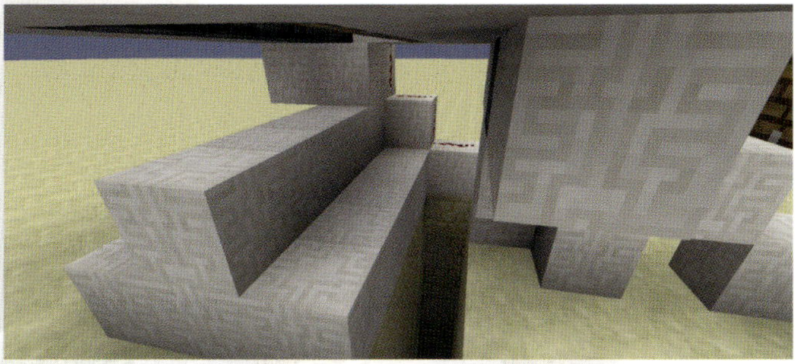

Lorsque votre système est fonctionnel, vous aurez un gros travail pour cacher le système et créer une salle où personne ne pourra se douter qu'un piège est placé. À vous de créer une décoration et un agencement pour donner l'impression qu'aucun piège n'est présent dans la pièce. L'avantage d'utiliser cette technique est qu'aucun mécanisme n'est apparent (ni plaque de pression, ni bouton, ni crochets).

Quelques idées déco

Vous avez envie de créer un abri à la fois fonctionnel, protégé et joli ? Voici quelques conseils pour créer des maisons agréables !

Lorsque vous démarrez une partie de Minecraft en mode survie, vous avez peu de temps pour récupérer vos premiers matériaux et construire un abri. Voici quelques petites astuces pour rendre votre première création sympathique. Tout d'abord, pour la fondation, vous pouvez utiliser directement les bûches que vous placerez aux quatre coins de la maison. Ensuite, entre ces bûches, placez la roche que vous trouvez à proximité. Utilisez ensuite les planches que vous avez créées pour élever vos murs. Pensez bien à laisser un espace pour vos futures fenêtres. Il n'est pas nécessaire au départ d'avoir une maison très haute. 3 blocs de hauteur suffisent depuis les fondations dans un premier temps. Même sur un espace réduit, vous pourrez utiliser l'espace de la fondation pour placer vos coffres. Vous pouvez ainsi creuser le bloc qui sera situé sous le lit pour y placer un double coffre. Il sera moins visible et ne prendra pas de place dans la pièce. Aménagez une terrasse extérieure avec un escalier et utilisez des dalles plutôt que des blocs pour créer la terrasse. Cela permet de la rendre un peu plus réaliste. Ensuite, pour créer le toit, le mieux est d'utiliser des escaliers afin de rendre l'illusion de la pente. Vous pouvez aménager un espace si vous souhaitez créer une cheminée mais prenez garde dans ce cas à protéger le bois autour de ce qui vous servira de foyer. De nombreuses maisons sont parties en fumée dès le premier feu ! Et votre cheminée également doit protéger le toit si vous le faites en bois !

Objets nécessaires

Quel que soit le type de maison que vous souhaitez construire, gardez en tête de ménager de l'espace sous vos fondations. Vous pourriez avoir envie par la suite d'incorporer des mécanismes dans votre abri et le mieux pour cela est de faire partir tout ce qui concerne le courant redstone du sous-sol. Une des idées est donc de creuser un sous-sol de plusieurs cubes de profondeur. Ménagez un accès pour pouvoir ensuite facilement incorporer vos mécanismes (ouverture de porte, mécanisme de protection de vos ressources si vous jouez sur un serveur avec d'autres joueurs, etc.).

La cheminée automatique de MrCrayfish

Cette petite cheminée utilise un circuit redstone afin de permettre de descendre le foyer situé sur des pistons collants et de l'éteindre mais également de l'allumer automatiquement.

Objets nécessaires

Poudre de redstone
Torche de redstone
Répéteurs
Bouton
Distributeur
Roche du Nether
Briquet

Le principe de cette cheminée est basé sur le fait que lorsque vous activez un distributeur qui contient un briquet, ce dernier va mettre le feu sur le bloc situé en face de sa sortie. Combiné avec la roche du Nether qui possède la propriété de brûler indéfiniment, vous commencez sûrement à comprendre le fonctionnement de cette cheminée. Un bouton vous permet d'activer les distributeurs afin d'allumer le foyer. Le circuit redstone est un peu plus complexe, car il faut pouvoir allumer ou éteindre le feu. C'est là que les pistons collants interviennent. Lorsque les pistons s'activent, ils vont détruire le feu déjà en

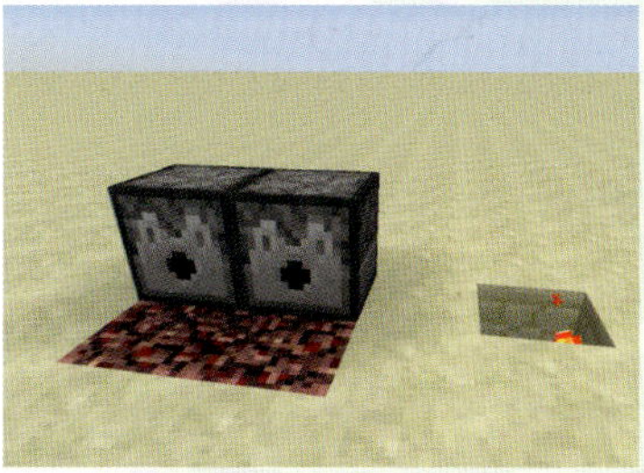

place, ou au contraire allumer les blocs de roche du Nether. Toute l'astuce consiste à faire coïncider le mouvement des pistons avec le distributeur, d'où les différents répéteurs qui vont ici servir à allumer le circuit secondaire au moment opportun.

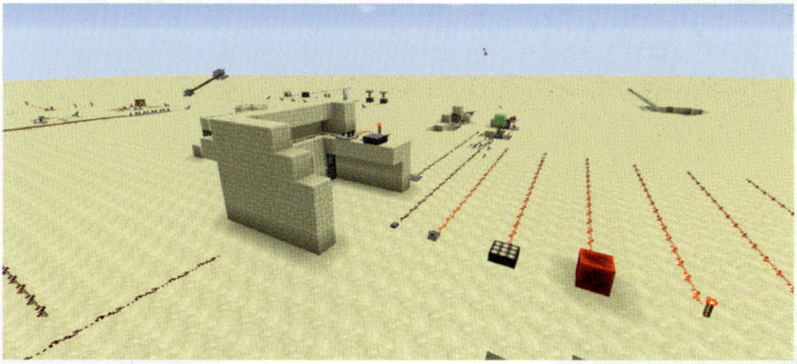

Le circuit redstone

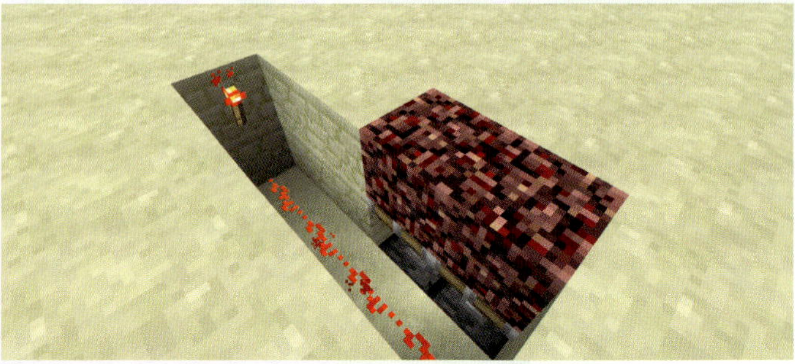

Placez vos deux blocs de roche du Nether sur les pistons collants en face des distributeurs et alimentez vos distributeurs à l'aide de poudre de redstone et d'une torche de redstone. Ainsi, les pistons sont toujours en position levée, face aux distributeurs. Placez ensuite un bloc avec d'un côté une torche de redstone et de l'autre un bouton. Ainsi, le bouton va allumer ou éteindre la torche de redstone, permettant de contrôler le courant qui va activer les distributeurs. Placez ensuite deux répéteurs dont vous réglerez le délai au maximum (3 clics droits dessus). Derrière le deuxième répéteur, placez un bloc avec de la poudre de redstone au-dessus

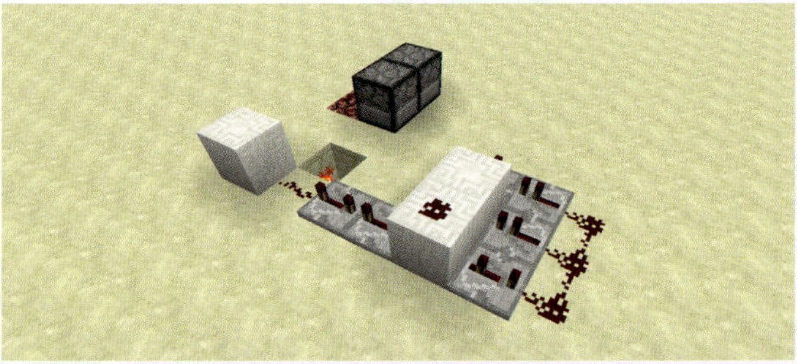

et juste derrière un répéteur dont le délai sera réglé à 3 (2 clics droits dessus). Posez un second bloc à côté du premier et un répéteur en face (pour relier par la suite le courant redstone aux distributeurs). En face du premier bloc, posez un répéteur et deux autres sur les côtés en direction du répéteur qui va servir à faire rejoindre le courant vers les distributeurs. Enfin, au-dessus du répéteur dont vous avez réglé le délai à 3, placez un bloc et une torche de redstone. Il ne reste plus qu'à relier l'ensemble avec de la poudre de redstone.

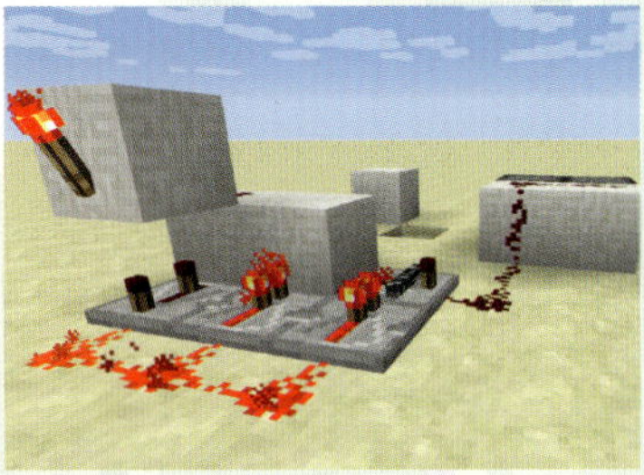

L'habillage

N'utilisez pas de bois pour faire la décoration de votre cheminée mais de la pierre pour éviter de brûler les blocs autour et au-dessus de la roche du Nether lorsqu'elle sera en feu, et n'oubliez pas de placer un briquet dans chaque distributeur. Au bout d'un grand nombre d'utilisations, il est possible que vos briquets soient hors d'usage. N'oubliez pas de les remplacer lorsque ce sera nécessaire. Vous pouvez voir la vidéo de la cheminée sur la chaîne YouTube de MrCrayfish (*Minecraft 1.8 : redstone tutorial – toggable fireplace*).

Décorations intérieures de buttonsdog42

Voici quelques idées sympathiques pour décorer votre maison. Vous trouverez toutes les recettes des objets utilisés à la fin de ce livre.

Fauteuil et table

Utilisez deux escaliers, placés l'un en face de l'autre. Laissez un espace entre les deux pour placer une barrière et sur cette barrière, une plaque de pression. Sur les côtés des escaliers, placez un panneau. Vous pouvez également utiliser un cadre qui possède l'avantage de pouvoir être décoré avec un objet de votre choix.

Lits superposés

Placez tout d'abord deux blocs au sol, puis posez votre premier lit dessus. Ensuite, détruisez les deux blocs et placez le second lit à l'endroit où vous aviez placé vos blocs. Sur les côtés, utilisez deux portes pour habiller l'ensemble et vous avez vos deux lits superposés !

Canapés

Utilisez des escaliers pour créer des canapés d'angles ou droits. Comme pour les fauteuils, vous pouvez utiliser des cadres ou des panneaux sur les côtés ainsi que des dalles pour créer une table basse.

Réfrigérateur

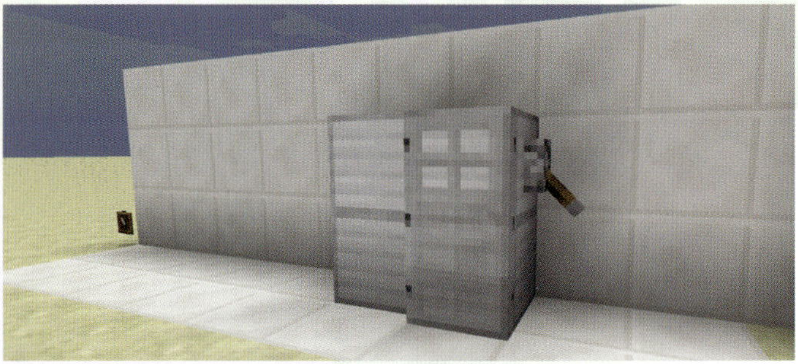

Utilisez deux blocs de fer, placez une porte en fer devant. En plaçant un bouton ou un levier sur le côté, vous pourrez commander l'ouverture de votre joli petit frigo.

Bureau et ordinateur

Utilisez 3 blocs sur lesquels vous allez placer un tableau. Lorsque vous posez le tableau, il peut prendre différentes formes et tailles. Choisissez un petit par exemple. En face du tableau, placez une plaque de pression. En face de vos blocs, utilisez un escalier que vous habillerez sur les côtés à l'aide de cadres ou de panneaux.

Une horloge ancienne

Utilisez des planches pour créer votre horloge. Sur le bloc du haut, posez un cadre avec une montre à l'intérieur. Placez une barrière en fer sous ce bloc et un autre cadre avec un bloc de fer ou d'or dans un cadre. Vous pouvez habiller l'ensemble avec des portes ou laisser l'ensemble apparent.

Petit salon

Creusez un trou afin d'y placer des escaliers ainsi que de la roche du Nether. Autour de ce qui deviendra un foyer, posez vos canapés à l'aide d'escaliers (habillés de panneaux ou de cadres) sur les côtés. Et allumez la roche du Nether pour mettre l'ambiance (attention de ne pas vous brûler et évitez ça dans les petites demeures, surtout en bois).

Recettes d'architecte

Les quelques pages qui suivent regroupent les principales recettes et matériaux pour créer les objets ou machines présentés dans ce livre.

Objet	Matériaux	Positionnement
Torche redstone	poudre redstone, bâton	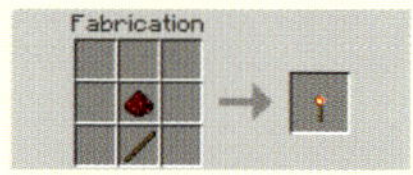
Bloc de redstone	redstone x9	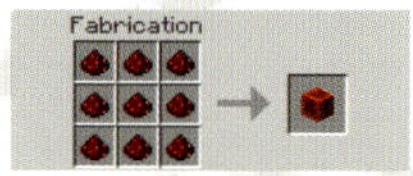
Capteur solaire	verre x3, quartz du nether x3, dalle en bois x3	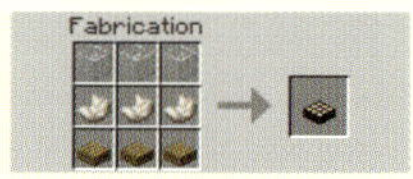
Répéteur	torche redstone x2, poudre redstone, roche x3	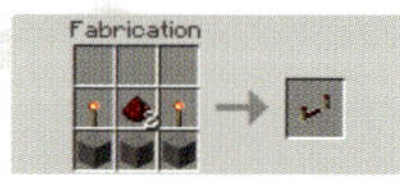
Comparateur	torche redstone x3, quartz du Nether, roche x3	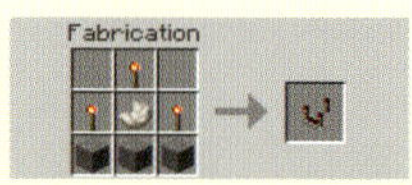
Bloc musical	planche x8, poudre de redstone	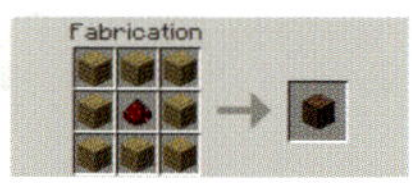
Bouton en bois	planche	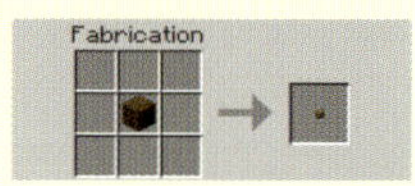

Objet	Matériaux	Positionnement
Bouton en pierre	roche	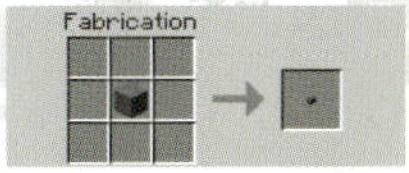
Coffre piégé	crochet, coffre	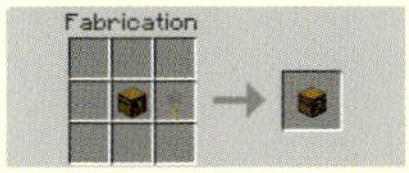
Crochet	lingot, bâton, planche	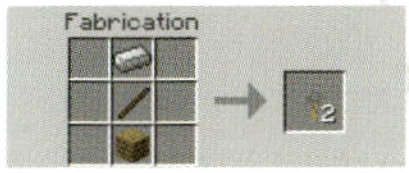
Coffre	planche x8	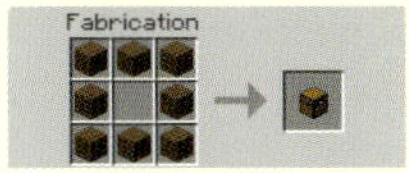
Distributeur	pierre x7, arc, poudre de redstone	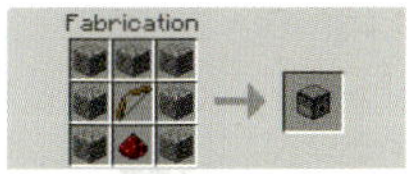
Dropper	pierre x7, poudre de redstone	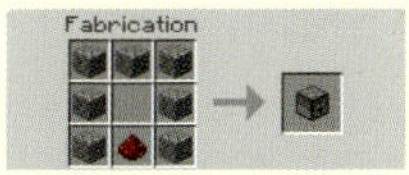
Entonnoir	lingot en fer x5, coffre	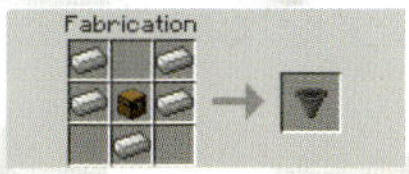
Lampe de redstone	pierre lumineuse, poudre de redstone x4	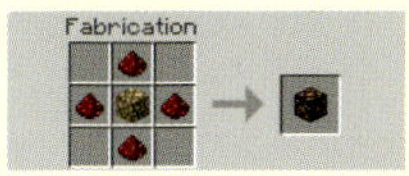

Objet	Matériaux	Positionnement
Pierre lumineuse	poudre de pierre lumineuse x4	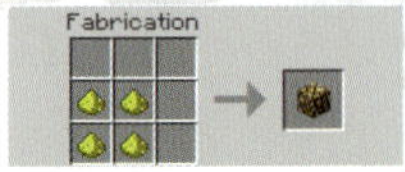
Arc	ficelle x3, bâton x3	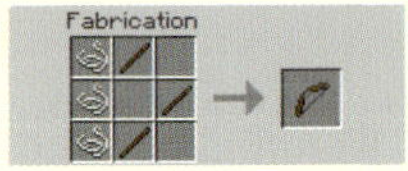
Levier	bâton, pierre	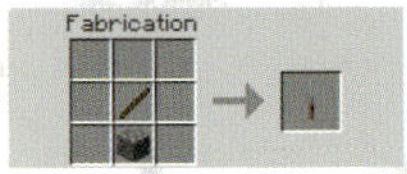
Piston	planche x3, pierre x4, lingot de fer, poudre de redstone	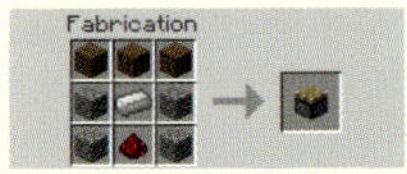
Piston collant	boule de slime, piston	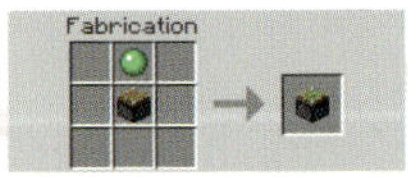
Plaque de pression pondérée (lourde)	lingot en fer x2	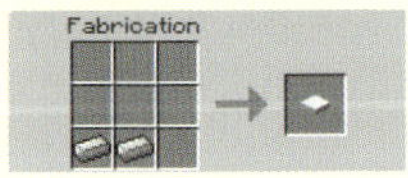
Plaque de pression pondérée (légère)	lingot en or x2	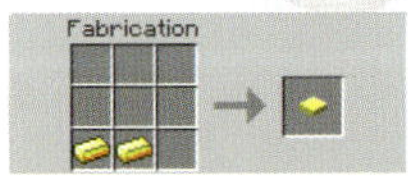
Plaque de pression en bois	planche x2	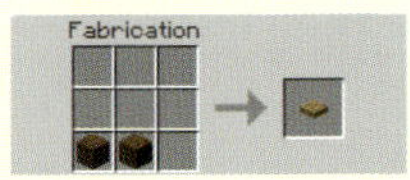

Objet	Matériaux	Positionnement
Plaque de pression en pierre	roche x2	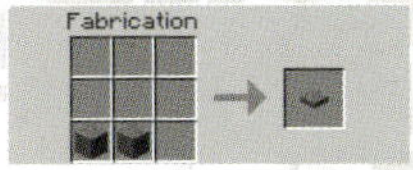
Porte en fer	lingot en fer x6	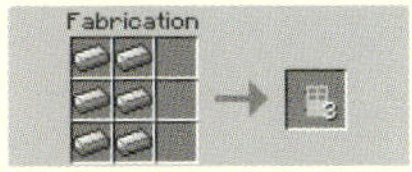
Porte en bois	planche x6	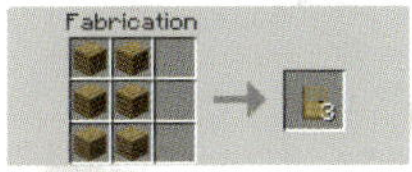
Trappe	planche x6	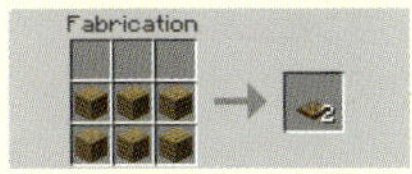
Trappe en fer	lingot en fer x4	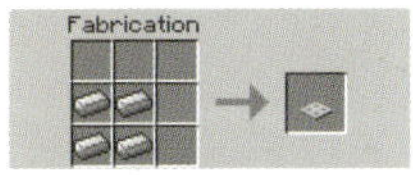
Bloc de redstone	poudre de redstone x9	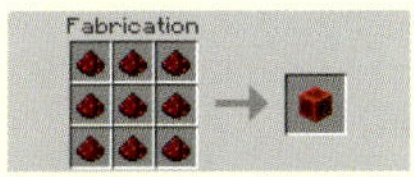
Bloc de slime	boule de slime x9	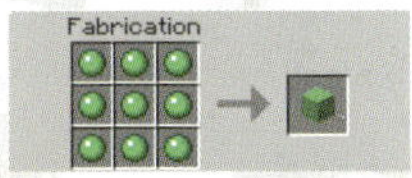
Bloc de TNT	sable x4, poudre à canon x5	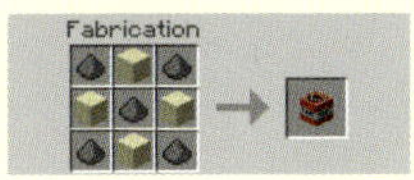

Objet	Matériaux	Positionnement
Tableau	bâton x8, laine	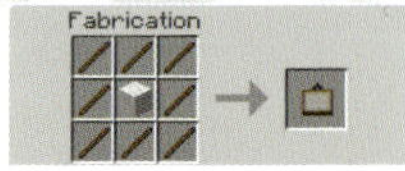
Portillon	bâton x4, planche x2	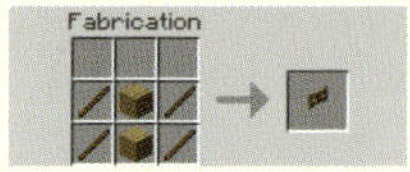
Barrière	bâton x4, bâton x2	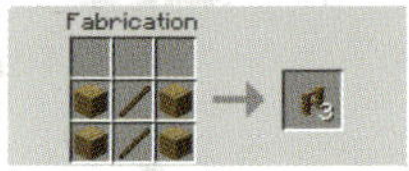
Barreaux de fer	lingots en fer x6	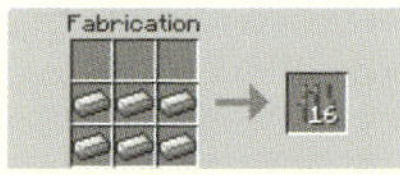
Papier	canne à sucre x3	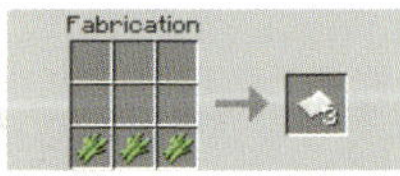
Cadre	cuir, bâton x8	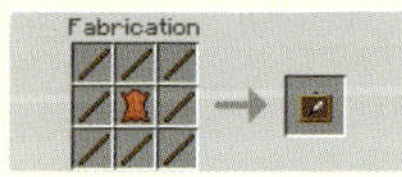
Verre	sable, charbon	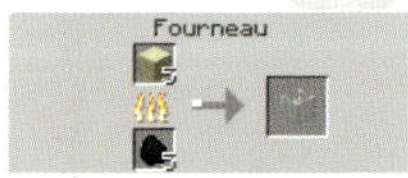
Roche	pierre, charbon	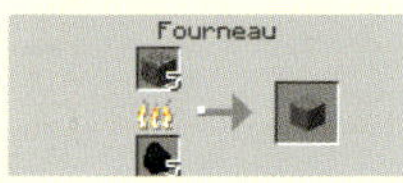

Un grand merci encore à toute la communauté active sur les sites spécialisés et sur YouTube. N'hésitez pas à aller voir régulièrement les chaînes citées dans ce livre. Les créateurs y présentent leurs nouvelles créations ou des perfectionnements des systèmes existants régulièrement. Une très bonne source d'inspiration pour vos propres créations !

Merci à tous ceux qui ont permis à ce petit livre d'exister et pensées spéciales pour Ana, Tom, Axel, Richard, Bubu, Émilie, Anne-Marie, Matt Murdock, Jonathan et Cyrille-Gambas.